"Estou casado há 48 anos.  século depois, os dias apaixonados com Noël ainda são intensos em minhas lembranças. Essas memórias se encaixam em uma categoria única, singular. O casamento tem uma espécie de euforia desenfreada, mas os anos que o precedem estão sobrecarregados de emoções que nunca sentimos antes e nunca mais voltaremos a sentir. Precisamos da sabedoria de Deus. Precisamos de sua ajuda sobrenatural para nos ajudar a vivê-la. Marshall Segal é um guia digno de confiança. É consciente do mundo à sua volta, mas obediente à Palavra. Deus não nos deixou sem sabedoria ou poder para essa estação volátil da vida. Marshall aponta você para ambas essas categorias."

John Piper, fundador de desiringGod.org;
reitor de Bethlehem College & Seminary

"Ser solteiro ou solteira não é um castigo, e o casamento não é um direito. No entanto, cada vez mais, encontro mulheres jovens que permanecem solteiras por mais tempo do que planejavam, e elas me perguntam como foi possível terem perdido aquilo com que sonhavam. Indagam ainda por que Deus não responde às suas orações em relação a um casamento. Por essa razão, estou encantada com *Ainda não casei*. Este livro não trata apenas de esperar bem ou preparar-se para o casamento. É um livro que fala sobre Deus, fundamentado na Palavra de Deus. Casado, noivo ou ainda distante do altar, traça um retrato belo e bíblico do matrimônio e do Deus que o planejou."

Erin L. Davis, blogueira; professora de Bíblia, autora de *Beyond Bath Time, True Princess* e *Beautiful Encounters*

"Os escritos de Marshall nunca deixam de ser ricamente perspicazes, provocantes e capazes de vasculhar nossos corações. Ele também é transparente e reparador ao compartilhar o que tem experimentado — às vezes de uma forma difícil — em relação à Palavra de Deus e aos seus caminhos. À medida que Marshall relata sua jornada pelos anos em que estava solteiro, eu me senti feliz ao ver como Deus trouxe Faye à sua vida no devido tempo. Agora me alegro que ele tenha escrito este livro, que será um banquete para homens e mulheres em qualquer estação da vida, enquanto prosseguem, firmes, em meio aos anseios ainda não cumpridos deste lado do céu, buscando alegria em Cristo."

Nancy DeMoss Wolgemuth, apresentadora, *Revive Our Hearts*; autora, *Mentiras em que as mulheres acreditam e a verdade que as liberta*; *Mulher Cristã*; *Buscando a Deus*; entre outros.

"Oportuno. Relevante. Consistente. Em um ambiente cultural em que estar solteiro ou solteira é tanto celebrado como estigmatizado, e o namoro, mal compreendido e desprovido de propósito, Marshall Segal instila um sopro bíblico renovado. Tomando por base a Escritura, *Ainda não casei* é uma ferramenta útil para honrar a Deus em qualquer situação relacional. Casado(a) ou não, solteiro(a) ou namorando, espero que você leia este livro."

Louie Giglio, pastor, Passion City Church, Atlanta; fundador, Passion Conferences; autor, *The Comeback*

"Este é um livro sobre Deus e sua glória, e não um manual para aqueles que ainda não se casaram. Nisso reside seu poder de coesão. Segal fez um excelente trabalho ao conectar a verdade do evangelho com o que pensamos sobre nós mesmos e sobre nossa vida amorosa, algo extremamente necessário em uma cultura que tenta manter Deus isolado no templo. O livro é denso, mas acessível, enfrentando tópicos sérios, de um modo que o lemos como se estivéssemos em um bate-papo tomando um café. Sei que o título é *Ainda não casei*, mas, depois de onze anos de casamento, sinto-me desafiado e encorajado em cada página. Sou grato a Marshall por seus conselhos teologicamente consistentes e honestos. Este livro tem de ser compartilhado."

Jimmy Needham, músico; diretor de Adoração, Stonegate Church, Midlothian, Texas

"Em uma cultura que constantemente comunica mensagens falsas — até mesmo destrutivas — sobre o namoro, *Ainda não casei* é a resposta cristã de que precisamos. Profundamente bíblico, Marshall escreve com a empatia, a humildade e a sabedoria de um irmão que trilhou essa estrada, cometeu erros e encontrou a graça. Agora, ele compartilha conosco essa experiência e seu rico entendimento sobre o evangelho. Os jovens, especialmente, vão se beneficiar das palavras de Marshall. Por essa razão, este livro será alegremente recomendado em todos os lugares."

Jaquelle Crowe, escritora e editora-chefe, TheRebelution.com; colaboradora, The Gospel Coalition; autora de *Isso muda tudo*

"Por muitos anos, ansiei por um livro que possa ser recomendado sem hesitação a homens e mulheres solteiros. Acabou a minha espera. O livro de Marshall Segal, *Ainda não me casei*, é tudo aquilo pelo qual sempre esperei e muito mais. Seus fundamentos são plenamente escriturísticos; e suas aplicações, arraigadas nas boas-novas do evangelho. Ele oferece alguns dos conselhos mais claros que já vi para se navegar durante os anos em que não se está casado. Marshall reconhece humildemente as próprias falhas e aborda os pecados passados com uma sensível habilidade pastoral. Se você for solteiro(a), este livro aumentará sua fé nos bons planos de Deus para você, inspirando-o(a) a buscar apaixonadamente uma vida que exalte a Cristo. Mal posso esperar para recomendar e dar este livro a muitas pessoas."

Bob Kauflin, diretor de Adoração, Sovereign Grace Ministries; presbítero, Sovereign Grace Church, Louisville; autor de *Louvor e Adoração* e *Verdadeiros adoradores*

"Em vez de se acomodar à versão miserável de nossa cultura em relação a amor, sexo e namoro, *Ainda não casei* desafia e inspira os solteiros cristãos a viver suas vidas com maior intencionalidade. Este livro prático é leitura essencial para todo rapaz e toda moça que desejem glorificar a Deus em sua plenitude enquanto ainda não se casaram."

Kristen Clark e Bethany Baird, fundadoras, GirlDefined Ministries; autoras de *Girl Defined*

MARSHALL SEGAL

AINDA NÃO CASEI

O plano de Deus para solteiros e namorados

S454a Segal, Marshall, 1986-
Ainda não casei : o plano de Deus para solteiros e namorados / Marshall Segal ; [tradução: Elizabeth Gomes]. – São José dos Campos, SP: Fiel, 2020.

Inclui referências bibliográficas.
ISBN 9788581327150 (brochura)
        9788581327143 (epub)

1. Pessoas solteiras – Vida religiosa. 2. Encontro (Costumes sociais) – Aspectos religiosos – Cristianismo. I. Título.

CDD: 248.84

Catalogação na publicação: Mariana C. de Melo Pedrosa – CRB07/6477

AINDA NÃO CASEI: O plano de Deus para solteiros e namorados

Traduzido do original em inglês:
Not Yet Married: The Pursuit of Joy in Singleness and Dating

Copyright © 2017 por Marshall Segal.

∎

Originalmente publicado em inglês por Crossway, um ministério de publicação da Good News Publishers
Wheaton, Illinois 60187, USA

Copyright © 2018 Editora Fiel
Primeira edição em português: 2020
Todos os direitos em língua portuguesa reservados por Editora Fiel da Missão Evangélica Literária

Proibida a reprodução deste livro por quaisquer meios sem a permissão escrita dos editores, salvo em breves citações, com indicação da fonte.

Os textos das referências bíblicas foram extraídos da versão Almeida Revista e Atualizada, 2ª ed. (Sociedade Bíblica do Brasil), salvo indicação específica. Ênfases adicionadas.

∎

Diretor: Tiago J. Santos Filho
Editor-chefe: Tiago J. Santos Filho
Editor: Vinicius Musselman Pimentel
Coordenação Editorial: Gisele Lemes
Tradução: Elizabeth Gomes
Revisão: Shirley Lima – Papiro Soluções Textuais
Diagramação: Rubner Durais
Capa: Rubner Durais
ISBN brochura: 978-85-8132-715-0
ISBN e-book: 978-85-8132-714-3

Caixa Postal 1601
CEP: 12230-971
São José dos Campos, SP
PABX: (12) 3919-9999
www.editorafiel.com.br

Para Ellis Kai
Casado ou não,
que seu coração pertença a Deus!

SUMÁRIO

Introdução 11

PARTE I: A VIDA DE QUEM AINDA NÃO CASOU

1 | O amor está à sua procura 25
2 | Solteiro, satisfeito e enviado 39
3 | Não dividido e não distraído 55
4 | Ame a vida que você nunca quis ter 71
5 | Conhecendo a todos, mas não sendo conhecido 89
6 | 100 mil horas 103
7 | A procrastinação em segui-lo 117
8 | O mais importante passo secreto 131

PARTE II: QUANDO OS SOLTEIROS SE ENCONTRAM

9 | Namorar para mais do que casar 145
10 | O melhor livro sobre namoro 161
11 | Seu último primeiro encontro 175
12 | Será que é ele o cara? 191
13 | Liberdade sexual e pureza 207
14 | Atos de guerra no amor 223
15 | A vela de que todos nós precisamos 239
16 | Não é você — é Deus 257

Conclusão: Meus sonhos para seu casamento 273
Uma palavra de gratidão 283

INTRODUÇÃO

Vivemos e namoramos numa sociedade moderna. Podemos assistir àquilo que quisermos, a qualquer hora e em qualquer lugar. É possível encomendar e receber na porta de casa qualquer comida em poucos minutos. Podemos "curtir", flertar e enviar mensagens a partir da segurança e do conforto do sofá salpicado de migalhas de nossos *flats*. O mesmo egoísmo e a mesma impaciência são os principais ingredientes da onda de sexo pré-conjugal, conduzindo mais de metade de nós a essa entrega antes mesmo de concluir o ensino médio. Com algumas imagens geradas pelo computador, tudo parece liberdade e aventura, sem cercas ou filtros. Mas será que nos faltam liberdade e aventura mais plenas quando nos acomodamos a algo mais rápido, mais fácil e mais barato? E se você perceber que está deixando de comer rodízio de carne numa boa churrascaria por algumas poucas migalhas de cereais à mesa do café da manhã?

Ao olharmos para o namoro, inclusive na igreja, temos de admitir que muitos — a maioria — de nós erramos em tudo isso. Corremos para namorar assim que começamos o ensino médio, mas esperamos para nos estabilizar e casar apenas depois da formatura, após iniciar a carreira profissional e usufruir alguma liberdade. Entramos e saímos dos relacionamentos como se estivéssemos comprando um par de sapatos novos, removendo qualquer um que comece a apertar ou parecer desconfortável, e pegando qualquer um mais agradável no dia seguinte. Durante a maior parte do tempo, apreciamos a ideia de nos guardar sexualmente, mas não nos momentos mais importantes. Enquanto isso, o mundo está sempre inventando tecnologias novas e mais fáceis de usar, a fim de nos ajudar a nos entregar cedo demais a alguém que ainda não conhecemos bem. Amamos ser amados, mas não estamos completamente certos do que realmente seja amor.

Todo o jogo de namoro se alimenta de adrenalina e ambiguidade — sempre mostrando o suficiente para despertar o interesse e a curiosidade de alguém, mas nunca para responder às questões mais importantes. É um jogo de "gato e rato" sem os ratos (e eu acho que podemos concordar que nada é pior do que uma sala cheia de gatos). Atiramos iscas uns para os outros, com meias-verdades sobre os melhores aspectos de nós, sempre selecionando exatamente o que queremos mostrar — e a forma como mostramos —, revelando apenas o que possa atrair ou seduzir a outra pessoa. Hoje, o namoro tende a centralizar o mundo inteiro ao meu redor — meus interesses, meus amigos, minhas preferências. Muitos de nós acreditamos estar à procura de casamento quando batemos papo ou flertamos uns com os outros, mas, em verdade, só estamos à procura de nós mesmos — de nossa própria imagem e autoestima, de nossos próprios desejos egoístas, de nosso próprio ego. Estamos sempre projetando e nos posicionando para conseguir a atenção e a confirmação que almejamos, mas sem correr risco ou nos entregar demais durante esse processo.

Jesus nos convida a amar e namorar de uma forma diferente, de modos que resistam e se elevem acima das tendências em voga hoje entre os que ainda não casaram. Quando, numa sociedade, valor e identidade são aferidos por quem gosta de nós — e muitos gostam de nós —, Jesus nos lembra que já temos um valor muito maior do que sabemos e somos definidos por um amor muito maior que qualquer amor humano. Contra toda a ambiguidade do esconde-esconde, ele nos injeta intencionalidade, a liberdade de nos comunicar com clareza e cuidado no amor, e o requinte de conhecermos e sermos conhecidos nos relacionamentos. Enquanto tantos socializam de forma imprudente nesta "geração do eu", Jesus nos liberta do egoísmo, mostrando-nos como pôr os interesses, as necessidades e os corações das outras pessoas acima dos nossos próprios, e ensinando-nos a recusar a autossatisfação à custa de nosso próximo. E, quando todo mundo acredita que tem direito imediato a tudo, ele nos separa como os estranhos e fortes, aqueles que estão dispostos e prontos a esperar. Se o namoro cristão — o processo intencional, altruísta e pleno de oração na busca por casamento — soa como uma escravidão, isso significa que não somos bem-sucedidos. Se a promiscuidade sexual descompromissada soa como liberdade, não somos bem-sucedidos. Talvez Jesus esteja pedindo mais de nós, mas ele faz isso para nos assegurar algo muito melhor.

AINDA NÃO CASEI

Alguns de vocês se identificarão prontamente com o título deste livro, enquanto outros talvez se sintam ofendidos. Se você faz parte do segundo grupo, provavelmente está lendo esta introdução querendo, não tão secretamente, validar sua total insatisfação com uma visão superficial do estado de solteiro. Por que definiríamos a nós mesmos pela ausência de casamento, especialmente quando muitos de nós somos filhos do Deus vivo, mediante a fé em Jesus, comprados por um preço infinito, plenos do poder divino e destinatários da promessa de vida e felicidade eternas?

Embora eu respondesse desse jeito ao encorajamento e aos conselhos relativos a casamento em meus anos de solteiro — "Pare de me definir por minha solteirice!" —, passei a gostar da seguinte frase, "Ainda não casei", pelo menos por quatro razões.

Em primeiro lugar, porque existem muitos cristãos que desejam, profunda e continuamente, casar, pessoas cujos corações doem de vontade de encontrar um marido ou uma esposa. Trata-se de um chamado que eles acreditam que Deus pôs em suas vidas, mas um chamado que ainda permanece pendente de realização ou confirmação no presente. Muitos buscaram o casamento da forma correta — sem mergulhar depressa demais, estabelecendo padrões e limites claros, e buscando o apoio de bons amigos conselheiros. Mas isso não deu certo. Seus encontros não caminharam bem, ou talvez ninguém tenha demonstrado interesse. Outros se lançaram em relacionamentos sucessivos, arrastados por seus desejos por intimidade, sendo levados a qualquer tipo de imoralidade sexual e ao remorso resultante disso. Disseram-lhes que seu desejo era bom, mas não eles não tinham a menor ideia de como dar o próximo passo ou de como lidar com todos esses meses ou anos de fracasso e solidão. Talvez esse não seja o seu caso, mas foi o meu, e provavelmente ocorre o mesmo com alguns de seus amigos cristãos. Quero dar sentido à nossa espera e aos nossos anseios, refletindo sobre tudo que Jesus *já* nos deu e sobre aquilo que prometeu, honrando a obra que nos deu para realizar em todas as fases da vida, independentemente de nosso estado civil.

Segundo, estatisticamente, a maioria de vocês vai casar. Alguns poucos serão chamados para uma vida inteira na condição de solteiros, e será maravilhoso ver vocês servirem a Cristo e ao próximo como um homem ou uma mulher no celibato. Para o mundo, será surpreendente ver alguém trocando o prazer do amor conjugal e da intimidade sexual por uma vida inteira dedicada ao amor a Deus e à entrega para conduzir outras pessoas a Cristo. Mas a maioria de vocês vai casar, ainda que hoje isso não esteja em seu radar ou em sua lista de prioridades. Se as tendências dos últimos duzentos anos se mantiverem, a maior parte dos crentes em algum ponto de sua vida estarão casados. Assim, parece apropriado conversar com a maioria dos crentes na casa de seus vinte ou trinta anos, na medida em que, um dia, eles poderão casar. Essa realidade não nos deve consumir, nem definir nosso progresso ou nossa felicidade em função do estado civil, tampouco devemos dar tudo de nós para conseguir um casamento. Contudo, devemos nos preparar para ser fiéis e estar prontos para o caso de Deus nos chamar para amar e servir a um esposo ou uma esposa.

Alguns de vocês não estão convencidos disso. Ainda estão céticos e se sentem ofendidos. De forma irônica, essa foi outra razão para eu gostar da expressão "Ainda não casei". Cada vez mais, os jovens se desiludem e se mostram pessimistas em relação a casamento. E eu estou certo de que existem vários fatores que contribuem para isso. Talvez o maior deles seja o divórcio. Muitos de nós, na condição de filhos, experimentamos, em primeira mão, o divórcio, ou assistimos ao sofrimento de nossos amigos que passaram por isso. Por que eu pensaria que *meu* casamento iria sobreviver? Por que eu me sujeitaria a essa espécie de pesar e dor? Eu quero que pelo menos alguns de vocês voltem a acreditar no casamento. Uma das coisas mais radicais e contraculturais que podemos fazer hoje em dia é declarar nossa fé em Jesus casando com alguém e permanecendo fiéis a esse cônjuge até a morte.

Finalmente, deste lado do céu, nem todos nós estamos casados. Todo dia no casamento é apenas uma imagem modesta e inadequada de um dia no casamento que ainda virá, quando formos entregues para sempre ao nosso Salvador e Rei. *Naquele* dia, cantaremos: "Alegremo-nos, exultemos e demos-lhe a glória, porque são chegadas as bodas do Cordeiro, cuja esposa a si mesma se ataviou" (Ap 19.7). Deus fez de nossos casamentos uma espécie de cartaz de um casamento que ainda está por vir. A forma como amamos nosso cônjuge, por mais imperfeita que seja, dirá *muito* sobre o tipo de amor que Deus tem por nós, mas não será nada em comparação ao que é verdadeiro — uma eternidade de paz, alegria e vida comprada para nós na cruz por nosso Noivo. Um dia, nós o encontraremos face a face. Será a maior reunião de família de todos os tempos — o casamento que acaba com todos os demais casamentos — quando Deus nos receber de braços abertos, pessoas quebrantadas, tornadas belas pelo sangue de Jesus. *Estaremos, sim*, casados, e esse casamento deve moldar todos os demais desejos e anseios que temos nesta vida.

Ainda não casei não trata de aspectos negativos. Se estivermos em Cristo, nunca mais seremos definidos pelo que *não somos*. Nele, temos demais para nos sentir desanimados quanto a não possuir mais nada — até mesmo coisas importantes na vida, como trabalho ou ter um cônjuge ou filhos. As coisas que preenchem nossas vidas e nos tornam felizes aqui são simples grãos de areia em comparação às praias sem-fim de conhecer a Cristo. Afinal de contas, *foi* um homem solteiro que disse: "Sim, deveras considero tudo como perda, por causa da sublimidade do conhecimento de Cristo Jesus, meu Senhor; por amor do qual perdi todas as coisas e as considero como refugo, para ganhar a Cristo e ser achado nele" (Fp 3.8-9).

MINHA HISTÓRIA DE SOLTEIRO

Eu queria estar casado muito antes de poder dirigir um carro. Talvez tenha assistido a muitos filmes da Disney. Talvez esse "ardor" tenha começado cedo demais para mim (1Co 7.9). Acredito que esse desejo tenha brotado, pelo menos em meus melhores momentos, ao observar como meus pais se amavam. Meus pais não são perfeitos, e seu casamento não tem sido perfeito durante todo o tempo, mas as imagens que ficaram gravadas em minha mente desde a infância são dos dois felizes juntos — beijando-se quando meu pai chegava em casa do trabalho, os dois lendo juntos na sala de estar à noite, amando seus filhos, rindo das piadas sem graça que cada um contava, sentados, quase todas as manhãs, para lermos a Bíblia e orarmos juntos, ainda que só por poucos minutos. Eu via a amizade e o romance que partilhavam, e sonhava em encontrar isso para mim.

Era um desejo bom, mas não produziu muitas coisas boas no ser imaturo que eu era na ocasião. Em verdade, nada em minha vida e em minha fé tornou-se mais confuso e espiritualmente perigoso do que minha busca por um casamento. Mesmo quando ainda era muito jovem, eu ansiava pelo afeto, a segurança e a intimidade que eu esperava encontrar em uma esposa. Lamentavelmente, esses desejos, de forma previsível, causaram mais dano do que bem. Comecei a namorar cedo demais. Permaneci em relacionamentos longos demais. Experimentei tudo demais com o coração, deixando as coisas irem longe demais. Eu disse "Amo você" depressa demais. Eu buscava desesperadamente por amor, mas não tinha meu coração e minha esperança ancorados em Cristo. Assim, eu sempre retornava ao ponto no qual havia começado, sozinho e cada vez mais inseguro e envergonhado. Ao longo do caminho, pequei contra muitas mulheres jovens, ferindo-as, porque me deixei cegar por meu próprio egoísmo, em vez de me conduzir nos relacionamentos como um zeloso e autodisciplinado filho de Deus. Portanto, quando Deus me impediu de casar por boa parte de meus vinte anos, minha solteirice tornou-se um lembrete regular, por mais de uma década, de que eu falhara, perdera boas oportunidades e fizera tudo errado.

Conheci Alyssa Faye Nera em 11 de outubro de 2012, na véspera de entrarmos lado a lado, na condição de padrinhos, no casamento de outras pessoas. Casamos dois anos e meio depois. Na época, eu tinha 29 anos; ela, 28. Escrevi boa parte deste livro, e aprendi praticamente todas as lições, antes de casar com minha esposa. Naqueles dois anos, Deus me ensinou muito por intermédio dela, especialmente na felicidade que ela demonstrava em e com Jesus, em sua vida de oração e em seu zelo pela pureza. Meu relacionamento com Faye foi uma anomalia inesperada e imerecida em minha busca fracassada por um casamento. Boa parte de nossa história estará distribuída ao longo deste livro, mas nosso namoro, noivado e, agora, casamento consistem na história de Deus curando aquilo que estava quebrado, restaurando o que estava perdido, redimindo o que dera errado e construindo algo totalmente novo.

Quando olho para trás, tenho a convicção de que Deus impediu, por algum tempo, meu casamento para me disciplinar — não me *punindo*, mas me preparando e amadurecendo como homem e futuro marido. Acredito também que ele tenha impedido meu casamento por algum tempo para me levar a ficar mais perto dele, usando meus dons para servir a outras pessoas enquanto eu ainda estava solteiro. Por isso, *Ainda não casei* não é um livro sobre esperar tranquilamente, em um canto do mundo, que Deus lhe traga um cônjuge, mas mobilizá-lo — uma geração e um movimento crescente de homens e mulheres solteiros — para que saia da vergonha, do egoísmo e da autopiedade, levando-o a níveis mais profundos de amor por Cristo e a um ministério mais consistente e criativo em relação aos outros.

A VIDA DE QUEM AINDA NÃO CASOU

Este é um livro para gente que ainda não casou e que não aborda, prioritariamente, o casamento, nem mesmo o namoro. Resolvi escrever um livro *sobre* Deus e sobre nosso papel em seu mundo *para* homens e mulheres que ainda não casaram. Em vez de tratar *principalmente* do que fazer ou não fazer enquanto isso *ainda não aconteceu*, este livro busca inspirar e sacudir você, na condição de solteiro, em relação àquilo que Deus tem para você agora. A primeira metade do livro aborda a vida daqueles que ainda não casaram — no sentido de encontrar alegria, propósito e pertencimento na condição de solteiro. Quero muito que você saiba que foi criado para mais do que casar — que o casamento jamais suprirá ou realizará seus anseios mais profundos. Esse buraco em nossos corações poderá engolir e destruir qualquer relacionamento se procurarmos alguém para nos fazer felizes ou inteiros. Digo isso como quem correu atrás do casamento por anos a fio, um relacionamento após outro, à procura de amor, valor e identidade numa esposa. Os capítulos que se seguem abordam a condição de solteiro na vida de quem ainda não casou, mas não falam de todas as situações que cercam a pessoa solteira. Com o passar do tempo, ser solteiro assume diferentes formas e provações. Minha história de solteiro começou na adolescência e se arrastou por toda a casa dos meus vinte anos, de modo que escrevo tendo em vista principalmente os jovens. Se esse não é o seu caso, talvez você se decepcione por eu não falar mais diretamente a você, mas espero que também se identifique e tire mais proveito do que esperava.

Eu poderia ter escrito outro livro apenas sobre namoro, mas não fiz isso. Escrevi sobre *estar solteiro* e namorar porque as coisas mais importantes que aprendi sobre namoro enquanto estava solteiro não foram sobre namoro e casamento; foram sobre vida e Deus, sobre encontrar propósito *real* e satisfação *real* mais profundos que qualquer romance. O casamento não desvenda os planos de Deus e seus propósitos para nós. Ele nos envia ao mundo quando nos salva, e não quando nos vê no cortejo entrando na igreja. Os cristãos que ainda não se casaram não são cristãos de segunda categoria. Você é tão cristão quanto qualquer outro — o mesmo Salvador nos resgatou de desperdiçar nossas vidas, o mesmo Espírito nos torna novos e nos equipa para fazer diferença, a mesma missão de falar ao mundo inteiro sobre Jesus.

Na segunda metade do livro, vamos tratar do namoro. Começaremos reconstruindo uma visão do casamento que eclipsa as imagens superficiais que vemos no cinema e na televisão. Perguntaremos o que faz o desejo por casamento valer a pena. A realidade é que muitos de nós queremos casar por razões erradas ou secundárias. Outros estão prontos a deixar a vontade passar por completo. Mas Deus fez algo singular e maravilhosamente belo quando *uniu* homem e mulher. Assim, nunca namoraremos bem até que tenhamos uma ideia ampla, clara e convincente de como o casamento realmente deveria ser. Os demais capítulos giram lentamente o diamante do namoro cristão, examinando o que torna esse tipo de namoro tão diferente. Como saber se essa é a pessoa certa? Como estabelecer limites no relacionamento? O que fazer a pessoa romper comigo? Queremos namorar de um modo que faça com que Jesus pareça real e confiável a todos aqueles que estão à nossa volta.

Estamos em busca de alegria, não de casamento. Antes que qualquer pessoa possa nos fazer felizes no casamento, precisamos que nosso coração já tenha sido entregue a outro. O amor mais seguro, a felicidade mais completa e o propósito mais elevado estão à sua disposição em Jesus — assim como você está. Em primeiro lugar, encontre tudo isso nele; então, um dia, você terá um casamento muito mais feliz e significativo se Deus lhe der um esposo ou uma esposa. Se, em sua sabedoria e em seu amor infalível por você, Deus escolher não lhe dar isso, é porque, na condição de solteiro, você terá muito mais do que jamais sonhou ter ou encontrar por si mesmo sem ele.

PARTE 1
A VIDA DE QUEM AINDA NÃO CASOU

CAPÍTULO 1
O AMOR ESTÁ À SUA PROCURA

Estamos todos conectados no desejo por felicidade, amor e significado. Queremos que nossos corações disparem por algo como se fossem sinos. Nós experimentamos a felicidade em muitas coisas — na primeira mordida suave de um brownie não completamente assado, em uma partida que é ganha na prorrogação, em um vestido novo ou em um novo par de sapatos —, mas a alegria sempre serve para sabermos que fomos criados para algo mais. Toda alegria leva consigo uma espécie de vazio, um gostinho residual de insatisfação. Envolto nesse desejo de ser feliz, está o desejo de ser conhecido e de ser amado. Nossa vida foi formada e nos foi dada para ser compartilhada. Somos projetados para o relacionamento, quer sejamos casados ou não. Todos nós queremos que a vida tenha valor. Queremos contribuir com algo significativo, por uma causa de valor. Queremos fazer a diferença. O descontentamento e o desânimo surgem na vida de alguém que ainda não casou quando começa a buscar esse amor, esse significado e essa alegria outra pessoa, e não em Deus. Sentimo-nos miseráveis, *não* por não estarmos casados, mas porque muitos de nós pensamos que o casamento poderá finalmente nos fazer feliz.

Quando eu tinha 20 anos, se tivessem me perguntado o que me faria feliz, eu já era suficientemente cristão para responder: "Jesus". Eu sabia a resposta certa. Mas, se alguém olhasse minha vida bem de perto e fosse capaz de responder por mim, provavelmente diria: "Casamento". Eu frequentava a igreja todo domingo. Tinha meus momentos de devocional. Tinha um ministério voltado a rapazes do ensino médio. Eu realmente amava Jesus. Mas, para ser sincero, tenho de admitir que eu me entregava mais às garotas do que a Deus. Realmente eu queria me casar, e amava a atenção, o afeto e a segurança de ter uma namorada. Eu me lançava em um relacionamento longo e sério depois de outro por uns cinco ou seis anos — cinco ou seis primeiros encontros, cinco ou seis primeiros beijos prematuros, cinco ou seis rompimentos arrasadores. Eu não provei maconha nem passei pela fase da bebedeira, mas minha droga eleita era mais socialmente aceitável, até mesmo estimulada. Eu estava, de uma forma imprudente, tentando preencher a fome por Deus no coração correndo atrás de romance e intimidade.

Eu iniciava cada novo relacionamento sob a bandeira "Minha busca por um casamento", mas boa parte disso era realmente busca por mim mesmo. Eu amava a ideia de casamento porque achava que o matrimônio *me* preencheria e completaria. Mas, como eu procurava amor, felicidade e significado principalmente no casamento, alguns dias minha condição de homem solteiro tornava-se um pesadelo. Ser solteiro implicava solidão, esperando que alguém entrasse em minha vida para nunca mais ir embora. Ser solteiro parecia ser incompleto, indagando se Deus traria minha outra metade ou preencheria o gigantesco e notório buraco da minha vida (pelo menos parecia gigantesco e notório no espelho). Estar solteiro provocava autopiedade, o desejo de ter o que os outros já tinham, achando que eu merecia mais do que eles. Os relacionamentos estavam bem acima de todos os outros ídolos que eu tinha, de modo que a condição de estar solteiro tornou-se, ao mesmo tempo, um juiz implacável e um colega de quarto indesejável, lembrando-me, o tempo todo, do que eu ainda não tinha e do que eu não fazia direito.

O CASAMENTO DOS SONHOS

A Bíblia diz que as pessoas obcecadas por experimentar o máximo possível de felicidade e prazer aqui na terra — na carreira, no sexo, na bebida ou no consumismo, ou até mesmo no casamento — são como aqueles que sonham estar comendo e bebendo, mas acordam famintos, com sede e sem ter o que comer ou beber (Is 29.8). O belíssimo banquete diante de seus olhos inconscientes e fechados — carnes perfeitamente grelhadas, frutas e legumes frescos e coloridos, pão recém-saído do forno, a fonte de vinho, chocolate recheado de chocolate e banhado de chocolate —, tudo isso é apenas uma miragem, um produto cruel da imaginação de uma pessoa faminta. Para quem ainda não casou, esse bufê imaginário pode incluir um cônjuge atraente, engraçado, gentil e dedicado, dois ou, talvez, três filhos, a casa com que sempre sonhou, férias de verão em algum lugar agradável e lembranças e mais lembranças felizes do matrimônio — o casamento dos sonhos. Mas todo sonho maravilhoso chega ao fim.

O problema não é nossa fome, mas nossa busca na despensa errada. Os anseios no fundo de nosso ser são a *misericórdia* de Deus com a intenção de nos conduzir a Deus. Deus está tentando nos dar um amor incondicional, uma alegria indescritível e um propósito ímpar, mas muitos de nós só estamos tentando nos casar. "Bem-aventurados os que têm fome e sede de justiça, porque serão fartos" (Mt 5.6). Foi Deus quem criou os apetites — desejos biológicos intensos, emocionais, sexuais, espirituais e inevitáveis — na alma de todo ser humano, para que *ele* pudesse preenchê-los. Ele deseja que sejamos cheios, e não vazios; que sejamos amados, e não solitários. Um de meus versículos favoritos da Bíblia diz: "Na tua presença há plenitude de alegria, na tua destra, delícias perpetuamente" (Sl 16.11). Não existe alegria maior. Não há data de validade. Felicidade e amor desse tipo são de graça — "pela graça sois salvos" (Ef 2.5, 8) —, mas não são baratos. Demandam paciência, trabalho duro e perseverança — dia após dia, derramando-nos na Palavra de Deus, sacrificando-nos por amor ao próximo em seu nome e entregando-nos à sua vontade. Paulo chama a vida cristã de luta e corrida (2Tm 4.7). Pode ser árduo e pode doer ao longo do caminho, mas jamais lamentaremos isso. Jesus pode pedir muito de nós entre aqui e o céu, mas, quer casemos, quer não casemos, ele nos dará tudo de volta centuplicado, e ainda mais (Mt 19.29).

ACREDITE NO AMOR, DE NOVO

Pelo menos uma parte do que torna a condição de ser solteiro tão solitária e sofrida é que temos dificuldade para acreditar que alguém como Deus possa real e genuinamente amar alguém como nós. Alguns de nós experimentamos tão pouco amor nesta vida que não temos categorias para descrever como se parece. Fomos abandonados pelos pais, traídos por amigos ou deixados para trás por um namorado ou uma namorada. O casamento parece-nos a última tentativa de encontrar amor, mas, bem lá no fundo, estamos aterrorizados, com medo de encontrar mais do mesmo. Simplesmente não conseguimos imaginar sermos verdadeira, profunda e consistentemente amados. Então, Deus diz: "Eu amo você". Mesmo?

Deus realmente o ama. "Vede que grande amor nos tem concedido o Pai, a ponto de sermos chamados filhos de Deus; e, de fato, somos filhos de Deus. Por essa razão, o mundo não nos conhece, porquanto não o conheceu a ele mesmo" (1Jo 3.1). Somos filhos e filhas muito amados. Deus nos amou ainda que nunca tivéssemos merecido isso (Rm 5.8). Sem Cristo, você e eu estaríamos mortos — não errados, não doentes, não estúpidos, mas mortos. "Ele vos deu vida, estando vós *mortos* nos vossos delitos e pecados, nos quais andastes outrora, segundo o curso deste mundo, segundo o príncipe da potestade do ar, do espírito que agora atua nos filhos da desobediência" (Ef 2.1-2). Éramos absoluta e obstinadamente não amáveis. "*Mas Deus*, sendo rico em misericórdia, por causa do grande amor com que nos amou, e estando nós mortos em nossos delitos, nos deu vida juntamente com Cristo — pela graça sois salvos" (vv. 4-5). Deus nos encontrou mortos nos pecados, em plena rebeldia contra ele, totalmente sem esperança, e nos amou para a vida, ao nos tornar dele. Deus se dispôs a enviar seu Filho até a cruz para mostrar como é o amor verdadeiro, dando-nos razão para voltar a crer no amor.

E esse amor nunca nos deixará nem nos abandonará (Hb 13.5). Ele nunca vai telefonar para romper com você. Nunca o abandonará como seu pai abandonou sua família. Ele jamais mente, e nunca morrerá, deixando-nos para trás e sozinhos. De fato, *nada* pode tirar esse amor de nós (Rm 8.38-39). Se você estiver oculto em Cristo pela fé, Deus o ama; nada nem ninguém impedirão você de amá-lo. Deus tem planos para você, bons planos, algo melhor que tudo com que você possa sonhar ou que possa desejar para si mesmo. "Nem olhos viram, nem ouvidos ouviram, nem jamais penetrou em coração humano o que Deus tem preparado para aqueles que o amam" (1Co 2.9). Seu Pai o ama muito mais do que um futuro cônjuge poderá amá-lo.

DEUS FEZ VOCÊ COM UM PROPÓSITO

O Deus que o ama também o criou. Ele o projetou — seu corpo físico, sua personalidade, cada centímetro de quem você é — e o conhece por inteiro (Sl 139.14-15). Você não foi um acidente. Foi criado debaixo de amor e com um propósito. *Mas por que Deus me fez, e o que ele quer eu faça?* Muitos de nós começamos a perguntar mais seriamente isso quando estamos na faculdade. Lembro que tive de sonhar com um pouco mais de esforço quando era segundanista, e a Universidade Wake Forest me instou a decidir qual curso seguir. Era como se eu estivesse decidindo o que faria pelo resto da vida — cinquenta *anos* ou mais estavam em jogo. Então, fiquei paralisado, olhando fixamente para três candidatos: Educação, Administração e Estudos Cristãos. Naquele tempo, parecia que o curso de Educação me faria feliz; o curso de Administração faria meu pai feliz; e cursar Estudos Cristãos faria Deus feliz. Acabei escolhendo Administração Empresarial. Mas, naquele mesmo ano (o segundo), em meio a Ciências Contábeis, Recursos Humanos e Marketing, Deus me ensinou por que eu fui criado e como ele queria que eu passasse o resto da vida, independentemente de eu vir a ser professor, gestor de contas ou pastor — não importando se eu casasse ou não.

Toda pessoa solteira neste planeta tem algo a dizer sobre Deus. O Criador e Sustentador do universo fez cada um de nós, e nos supriu, ao lado de outros sete bilhões de pessoas neste planeta, com um propósito. A maioria de nós tem certa dificuldade para acreditar que realmente fomos criados *por alguém* e para algo muito maior do que nós mesmos. Somos educados, treinados e empregados em um mundo muito menor, um mundo centrado em nós mesmos, que só alcança até onde conseguimos enxergar. Mas Deus nos criou, a você e a mim, para algo muito melhor do que casamento, empreendedorismo ou qualquer outra coisa que possamos escolher para nós. Se perdermos isso de vista, arriscamo-nos a desperdiçar a vida correndo em direções erradas, perseguindo sonhos mesquinhos e servindo a pequenos deuses. Quanto mais cedo respondermos às grandes questões da vida, melhor responderemos a todas as outras questões menores — como, por exemplo, o que vamos estudar, onde vamos trabalhar e com quem vamos casar.

Muitos de nós queremos manter Deus suficientemente próximo para nos salvar, mas longe o bastante para nos deixar fazer o que quisermos. Temos de ser bastante corajosos para perguntar primeiro por que Deus nos fez. Com essa pergunta em mente, ajuda começar do início. "No princípio, criou *Deus*..." (Gn 1.1). A Bíblia não começa com Adão. Começa com Deus. Deus é o autor, o pintor, o criador dessa história — a história de todas as pessoas. Então, por que Deus criou você? "Também disse Deus: 'Façamos o homem à nossa imagem, conforme a nossa semelhança... Criou Deus, pois, o homem *à sua imagem, à imagem de Deus* o criou; homem e mulher os criou" (Gn 1.26-27). Por que Deus fez você? Ele se repete três vezes, para deixar isso bem claro. Ele o fez à sua imagem e semelhança — *para ser parecido com ele*. Por que alguém faria algo à imagem de outra pessoa — uma pintura, uma escultura, um Instagram?[1]

---

[1] John Piper apresentou-me pela primeira vez a essa ideia em seu sermão "Por que Deus criou o mundo?", em 22 de setembro de 2012, Voltemos ao Evangelho. Disponível em: https://voltemosaoevangelho.com/blog/2020/12/por-que-deus-criou-o-mundo-para-sua-gloria.

Por que criamos as coisas parecidas com a imagem de outros — de nossos pais, de nossos melhores amigos, de nossos atletas ou de nossos artistas favoritos? Porque queremos vê-los, e queremos que outras pessoas os vejam. Por que Deus fez você? Essa pergunta é infinitamente mais importante do que perguntar com quem casaremos (ou mesmo *se* vamos nos casar ou não). A resposta mais curta é que fomos feitos para mostrar aos outros um pouco de quem Deus é, compartilhar e demonstrar o amor que experimentamos nele. Nós somos sete bilhões de contas de Instagram de Deus.

UM AMOR BOM DEMAIS PARA NÃO SER COMPARTILHADO

Criados à imagem de Deus, fomos projetados para ser retratos vivos (e que respiram) dele e de *sua* glória — de sua beleza, de sua integridade, de sua misericórdia, de sua justiça e de seu amor (Is 43.7). Fomos formados e feitos intencionalmente, com um propósito. A coisa mais importante que podemos fazer aqui na terra, portanto, é nos entregar por completo para dizer ao mundo, com toda a nossa vida, que Deus é mais verdadeiro, maior e satisfaz mais que nossa imaginação mais fértil — mais que a carreira de maior sucesso, a maior plataforma ou o casamento mais feliz.

Como, então, vivemos para Deus e para sua glória? Nós não *tornamos* Deus *glorioso* nem acrescentamos a ele glória alguma. Simplesmente chamamos a atenção para ele e para sua glória — para a beleza que vemos por toda parte em que procuramos, para o poder e a sabedoria infinitos sobre os quais lemos na Bíblia, para a graça e a misericórdia estonteantes que recebemos em seu amor por nós. O que caiu como uma bomba bem diante de mim a esse respeito foram as seguintes palavras de John Piper: "Deus é mais glorificado em nós quando estamos mais satisfeitos nele".[2] Deus começa a nos parecer tudo que ele já é *por meio de* mim e de minha vida — sua santidade perfeita, sua justiça imaculada, seu amor infinito — quando ele e seu amor começam a ser tudo *para* mim. Quando nossas vidas falam aos outros que *ele* é nosso maior tesouro, ele começa a parecer tão grandioso e glorioso quanto realmente é. Deus nos fez para *nos* mostrar sua glória e, ao nos mostrar mais de si mesmo, planejou tornar-nos as pessoas mais felizes que já viveram. Aprendi que, quanto maior e mais glorioso Deus for em meu coração, maior e mais glorioso ele será através de minha vida, e mais eu desejarei ser aquilo para o qual ele me criou.

Qual é a vontade de Deus para sua vida (e para seu futuro casamento)? "[...] quer comais, quer bebais ou façais outra coisa qualquer, fazei tudo *para a glória de Deus*" (1Co 10.31). Em absolutamente tudo que você fizer — até mesmo a forma como toma Gatorade depois do treino ou como saboreia sua bebida predileta no Starbucks —, faça para a glória de Deus. O que isso significa? Paulo continua dizendo que procura "ser agradável a todos, não buscando o meu próprio interesse, mas o de muitos, para que sejam salvos" (1Co 10.33). Beber e comer, trabalhar e brincar,

---

[2] John Piper, *Em busca de Deus: A plenitude da alegria cristã*, 2ª ed. (São Paulo: Shedd, 2008), 240.

namorar e casar, essas são maneiras de ganhar o mundo para Jesus. Convide-os para o amor avassalador e transformador que você encontrou. Qualquer coisa que você faça, que seja para falar sobre o que Deus fez por você e quanto ele significa para você!

Não faça nada apenas por fazer, só para se encaixar e seguir o roteiro do mundo para sua vida. Permita que toda a sua vida — sua espera, seu namoro, suas carências — seja conduzida para o propósito que Deus teve quando o criou, ao entretecê-lo com amor dentro do ventre de sua mãe (Sl 139.13). Construa sua vida sobre o amor de Deus e faça seu propósito ser a glória de Deus.

UMA TROCA TERRÍVEL E UM AMOR MAIOR

Porém, "todos pecaram e carecem da glória de Deus" (Rm 3.23). Todos estamos aquém de sua glória, não apenas em nosso passado, como também hoje e sempre. Você, eu, todo mundo que conhecemos, sem exceção. Paulo diz que "mudaram a glória do Deus incorruptível em semelhança da imagem de homem corruptível, bem como de aves, quadrúpedes e répteis" (Rm 1.23). Em vez de vivermos refletindo a imagem de Deus, desviamos os olhos dele e deixamos nossos corações se voltarem para outras coisas. Trocamos o valor infinito daquilo que não vemos por uns poucos minutos com as coisas que vemos. Nascemos em pecado, e vivemos amando nosso pecado (Sl 51.5; Jo 3.19). "O salário do pecado é a morte" (Rm 6.23). Não apenas uma punição leve, não apenas uma pequena inconveniência nesta vida, não um pouquinho menos de Deus. A morte. Uma dor insuportável e a agonia de estar longe de Deus e de sua graça, uma dor que nunca tem fim. É *isso* que merecemos por desprezar o amor de Deus e seu propósito para nossas vidas, por rejeitar o caminho para a felicidade que ele preparou para nós.

Como Deus tem agido em relação ao nosso pecado — ao trocarmos a sua glória pela nossa glória, buscando casamento, dinheiro ou qualquer outra coisa no lugar da vida e da felicidade de buscar por ele? Deus "se fez carne e habitou entre nós, e vimos a sua glória, glória como do Filho unigênito do Pai, cheio de graça e de verdade" (Jo 1.14). Em Jesus Cristo, Deus veio em toda a sua glória para salvar aqueles que haviam descartado a sua glória, refazendo-os novamente em imagens do seu valor e sua beleza, imagens cheias de vida, fôlego e fé. Você foi feito para a glória, e foi *salvo* para a glória.

UM CÉU SEM DEUS

Isso me ocorreu pela primeira vez naquele mesmo ano em que decidi cursar Administração Empresarial, e mudou toda a minha perspectiva sobre meus sonhos, minhas prioridades, a possibilidade de um casamento e todo o resto da minha vida. Percebi que o evangelho era uma história para mim, e não uma história *sobre* mim. As boas-novas — as novas que me resgataram do inferno e me prometeram o céu — não eram sobre Deus me fazendo feliz separado dele e de sua glória, mas sobre me satisfazer agora e para sempre *com ele*. Ele me amava a ponto de se entregar por mim. Naquela época, eu grifei o trecho que se segue, e volto à sua leitura pelo menos uma vez por ano:

> Cristo não morreu em favor de pecadores que prosseguem valorizando qualquer coisa além do ver e do experimentar a Deus. E as pessoas que seriam felizes no céu sem a presença de Cristo não estarão no céu. O evangelho não é uma maneira de levar as pessoas ao céu; é um meio de trazer pessoas a Deus.[3]

Por que Deus salvou você? Não somente para lhe possibilitar escapar do inferno ou aliviá-lo de alguma vergonha ou de algum arrependimento; tampouco para que você pudesse entrar no céu. Deus o salvou *para Deus*. A Bíblia diz que Deus o amou, o escolheu, o salvou e o fez seu "para louvor da glória de sua graça, que ele nos concedeu gratuitamente no Amado" (Ef 1.6). Paulo prossegue dizendo que aquele que opera *tudo* no mundo de acordo com sua vontade reservou uma herança infinita e eterna *para nós*, "a fim de sermos para louvor da sua glória" (Ef 1.12); "[...] em quem também vós, depois que ouvistes a palavra da verdade, o evangelho da vossa salvação, tendo nele também crido, fostes selados com o Santo Espírito da promessa; o qual é o penhor da nossa herança, até ao resgate da sua propriedade, em louvor da sua glória" (vv. 13–14). *Salvos*, para glorificar a Deus.

---

[3] John Piper, *Deus é o evangelho: um tratado sobre o amor de Deus como oferta de si mesmo*, 2ª ed. (São José dos Campos, SP: Fiel, 2019), 54-55.

Abençoados, para que Deus seja quem nos satisfaz. *Guardados*, para que Deus seja valorizado. Porque ele ama você.

    Seu amor por você é diferente de qualquer outro amor que você já conheceu. Você nunca será capaz de compreendê-lo ou captá-lo em sua plenitude. Mas, por sua graça e força, você saberá e sentirá cada vez mais esse amor. Paulo ora e pede: "Assim, habite Cristo no vosso coração, pela fé, estando vós arraigados e alicerçados *em amor*, a fim de poderdes compreender, com todos os santos, qual é a largura, e o comprimento, e a altura e a profundidade e conhecer o amor de Cristo, que excede todo entendimento, para que sejais tomados de toda a plenitude de Deus" (Ef 3.17-19).

    Você vai passar a eternidade explorando esse amor, descobrindo sua amplitude e seu comprimento, sua altura e profundidade. O propósito de Deus para você começou antes de seu nascimento e vai durar por toda a eternidade. Deus quis fazer você infinitamente feliz para sempre e, séculos depois, seu futuro casamento será apenas uma lembrança doce e tênue. Você é capaz de viver agora mesmo para a glória de um Deus que o salva e o ama dessa forma?

CAPÍTULO 2
SOLTEIRO, SATISFEITO E ENVIADO

Durante quase dois anos, eu gastava umas duas horas por semana com Will. Will era voluntário no banco de alimentos no qual eu trabalhava em tempo parcial enquanto ainda cursava a pós-graduação. Ele era afroamericano e tinha o dobro da minha idade. Pai de três filhas e já avô, Will era um alcoólatra em recuperação (e ainda luta com isso).

Por dois anos, eu ia caminhando por alguns quarteirões desde o local em que morava até um centro de recuperação especializado em dependência do álcool. Não era uma clínica cristã, mas eles me davam permissão de ministrar um estudo bíblico uma vez por semana, em uma de suas salas de conferência para qualquer um que estivesse interessado. Eu ainda era solteiro, e tinha muito tempo e energia para gastar. Eu tinha 22 anos na ocasião em que fiz essa caminhada pela primeira vez, orando enquanto subia a rua. Algumas vezes, havia quatro ou cinco pessoas, mas, em geral, havia apenas uma e, algumas vezes, também não aparecia ninguém. Toda semana, eu percorria os corredores da clínica, tentando reunir algumas pessoas que viessem sentar-se e ler comigo por uma hora. A maioria tinha vinte ou trinta anos a mais que eu. Em geral, cumprimentavam-me com um sorriso caloroso e me chamavam amigavelmente de "reverendo".

Certo dia, conheci Will. A avó de Will lhe ensinara a Bíblia, e ela fizera isso tão bem que ele se lembrava, aqui e ali, de algum versículo. Na maioria das semanas, Will estava lá e, quando interrompeu o tratamento na clínica, chegou até a me encontrar no banco de alimentos. Toda semana eu passava pelos corredores procurando mais candidatos, mas, na maior parte do tempo, éramos só eu e Will, lendo, calmamente, o Evangelho de João. Em algumas semanas, ele ia melhor que em outras em sua recuperação, mas eu comecei a ver sua fé crescer e florescer quando líamos a Bíblia juntos.

Por fim, mudei-me para outro bairro e comecei a frequentar outra igreja. Depois disso, não mantive mais contato com Will, mas, até hoje, não consigo imaginar um meio melhor de passar todas aquelas tardes de quarta-feira do que quando me via sozinho com ele, falando-lhe mais a respeito de Jesus. Praticamente ninguém sabia que eu ia à clínica toda semana — às vezes, eu apenas ficava sentado ali sozinho, por quinze ou vinte minutos, antes de desistir e voltar a pé para casa. Mas Deus me ensinou muito sobre mim e sobre nossa missão no mundo naquelas quartas-feiras entre as duas e meia e as quatro da tarde. Acima de tudo, ele me ensinou que viver para sua glória não consiste em construir um ministério grande ou ganhar um número maior de pessoas, mas de falar fielmente às pessoas sobre meu Rei, aonde quer que ele me conduza. De fato, sua glória muitas vezes brilha mais nas coisas pequenas, quietas e invisíveis que fazemos por ele. Em pessoas como Will.

AUTORIDADE, CLAREZA E URGÊNCIA

Somos salvos para seguir pelo mundo — solteiros ou casados — com vistas à glória de nosso Jesus, para torná-lo *conhecido* como o nosso Senhor, Salvador e maior tesouro. A redenção é um resgate que salva a vida, mas também envolve uma profunda revisão de existência e propósito. A conversão é sobre comissão, e não apenas sobre salvação, porque não fomos salvos apenas para ser salvos; fomos salvos para ser *enviados*. Mas como, individualmente, podemos viver o propósito de Deus para nós no dia a dia? Com algumas de suas últimas palavras na face da terra, Jesus enviou seus discípulos ao mundo para transformá-lo:

> [...] Toda a autoridade me foi dada no céu e na terra. Ide, portanto, fazei discípulos de todas as nações, batizando-os em nome do Pai, e do Filho, e do Espírito Santo; ensinando-os a guardar todas as coisas que vos tenho ordenado. E eis que estou convosco todos os dias até à consumação do século. (Mt 28.18-20)

Chamamos isso de *Grande* Comissão, devido à sua autoridade, à sua clareza e à sua urgência. Se o presidente de seu país o chamasse hoje e lhe pedisse para entregar uma mensagem a todos do seu quarteirão, você faria isso? E se estivesse advertindo sobre o surto mortal de uma doença rara e contagiosa em sua cidade? E se houvesse uma série de passos simples, mas essenciais, que toda pessoa pudesse seguir para evitar o contágio (como, por exemplo, evitar todos os frutos do mar, beber chá Kombucha e comer balas de goma)? O *presidente* escolheu chamar você e *deu instruções* para salvar as cem pessoas de seu quarteirão; *caso contrário, elas vão morrer* (autoridade, clareza e urgência).

Como cristãos, fomos incumbidos de uma responsabilidade de "vida ou morte" por alguém infinitamente maior que o presidente de nosso país. Jesus Cristo — o Filho de Deus, Maravilhoso Conselheiro, Deus Todo-Poderoso, Rei dos reis, Senhor dos senhores — deu-nos uma missão. *Toda* autoridade no céu *e* na terra pertence a ele. Para nós, a missão é bastante clara: "*Ide*, portanto, *fazei discípulos de todas as nações, batizando-os* em nome do Pai, e do Filho, e do Espírito Santo; *ensinando-os* a guardar todas as coisas que vos tenho ordenado". Nunca houve mais que isso em jogo. No final de suas breves vidas aqui na terra, alguns ouvirão: "Vinde, benditos de meu Pai! Entrai na posse do reino que vos está preparado desde a fundação do mundo" (Mt 25.34). Outros ouvirão: "Apartai-vos de mim, malditos, para o fogo eterno, preparado para o diabo e seus anjos" (Mt 25.41). O mundo será salvo somente pela graça. Mas primeiro eles têm de ouvir. Paulo diz o mesmo com palavras diferentes:

Porque: Todo aquele que invocar o nome do Senhor será salvo. Como, porém, invocarão aquele em quem não creram? E como crerão naquele de quem nada ouviram? E como ouvirão, se não há quem pregue? E como pregarão, se não forem enviados? Como está escrito: Quão formosos são os pés dos que anunciam coisas boas! (Rm 10.13-15)

No entanto, os trabalhadores são poucos. Por quê? Porque tratamos a maravilhosa autoridade de Jesus Cristo como se fosse a autoridade de um professor de educação física do ensino médio ou de um segurança do corredor de um shopping. Tratamos as boas-novas do evangelho, que salvam a vida e moldam os destinos como se fossem meras sugestões para uma vida mais saudável e bem-sucedida. Porque pegamos a simples instrução de ensinar ao próximo aquilo que *Jesus diz* e a mudamos para algo como sermos bons vizinhos, bons funcionários e, se Deus permitir, no futuro, bons cônjuges e bons pais. Como disse David Platt: "Vivemos vidas decentes em lares decentes, com trabalhos decentes e famílias decentes, como cidadãos decentes".[4] Despimos o evangelho e a Bíblia de sua autoridade, de sua clareza e de sua urgência, a fim de acomodar nossos sonhos e nossas prioridades confortáveis e pequenas, e adiamos nos tornar mais sérios em relação ao cristianismo para o

---

4 David Platt, *Radical: Taking Back Your Faith from the American Dream* (Colorado Springs: Multnomah, 2010), 105 [em português: *Radical: Um Cristianismo Impotente* (Rio de Janeiro: Luz das Nações, 2015)].

momento de nos casarmos e começarmos uma família. Nós amamos Jesus, nós o aceitamos como Senhor e lemos suas palavras — e, em seguida, desviamos o foco e postergamos. Em vez de fazer o que nos é ordenado, fazemos o que nos ocorre naturalmente e nos faz sentir confortáveis. Em vez de seguir Jesus, tentamos nos amoldamos. Delegamos a missão às pessoas que estão no ministério cristão em tempo integral e procuramos um tempo livre para realizar algum projeto de serviço em nome de Jesus.

SATANÁS ESTÁ ATRÁS DE VOCÊ

Na realização dessa obra, nós temos um inimigo. Satanás, no mundo e pelo mundo à nossa volta, faz todo o possível para desviar nosso foco e evitar que cumpramos o propósito pelo qual Deus nos salvou e para o qual nos enviou, convencendo-nos a desperdiçar nossa vida com coisas insignificantes. Você precisa saber que existem alguns perigos singulares na condição de estar solteiro — especialmente quando essa condição não é desejada. Ele ama enganar e desencorajar as pessoas solteiras na igreja, desviando nossa dedicação e nosso ministério. Ele nos convence de que não temos dons, ou de que nossos dons não podem ser usados para o ministério. Ele nos isola das pessoas que estão ao nosso redor — aqueles que nos podem encorajar e desafiar em nosso caminhar com Cristo e aqueles que necessitam de nós em suas vidas. Ele nos distrai, persuadindo-nos a nos afundar nos estudos, no trabalho ou na diversão. Mas Deus tem por objetivo usar você, sua fé, seu tempo e sua condição de solteiro de forma radical agora mesmo, do jeito que você está. Você não precisa esperar para realizar o trabalho mais importante que fará em sua vida.

Paulo — um homem que não era casado e escreveu a maior parte do Novo Testamento — escreve:

> E isto vos digo como concessão e não por mandamento. Quero que todos os homens sejam tais como também eu sou; no entanto, cada um tem de Deus o seu próprio dom; um, na verdade, de um modo; outro, de outro. E aos solteiros e viúvos digo que lhes seria bom se permanecessem no estado em que também eu vivo. (1Co 7.6-8)

Podemos sair da leitura de 1 Coríntios 7 com duas categorias em mente: aqueles que vão viver, servir e morrer na condição de solteiros e aqueles que devem casar. Paulo exalta a condição de solteiro, fazendo uma lista dos benefícios espirituais de não se ter um cônjuge. A vida de solteiro pode ser (relativamente) livre das ansiedades envolvidas nas relações (v. 32) e distrações mundanas (v. 33), voltada à adoração, à dedicação e ao ministério (v. 35). Assim, conclui Paulo, ignore essa cerimônia, literalmente, e aproveite "sua plena consagração ao Senhor".

A maioria de nós vai dizer: "Que bom para você, Paulo... mas eu vou casar". Eu disse. Talvez a tentação seja grande demais, e precisemos de um modo de atender a esse anseio honrando a Deus (v. 2). Talvez seja abundantemente claro que precisamos de uma auxiliadora para cumprir o chamado de Deus em nossas vidas (ou está abundantemente claro para os outros que devemos agir assim). Talvez queiramos ter filhos e, então, concluímos que precisamos de ajuda a esse respeito. Talvez seja apenas um desejo profundo e inegável de contar com a companhia amorosa e comprometida de alguém. Embora, aparentemente, sejam duas categorias, aprendemos depressa que, de fato, existem três: o solteiro, o casado e o que ainda não casou. Afinal de contas, como qualquer pessoa solteira sabe, desejar casar não faz o casamento acontecer. Algumas pessoas não percebem nenhum chamado perceptível para ficar solteiras, mas ainda estão solteiras. Esses homens e mulheres que ainda não casaram enfrentam seus próprios questionamentos singulares, desafios e tentações. Satanás mantém-se à espreita, à nossa espera, tentando nos desanimar e nos fazer sentir imaturos ou incompletos — como se fôssemos cristãos de segunda categoria. Mas, se Jesus Cristo morreu para salvar você e enviou seu Espírito para habitar em você, não existe nada em você que pertença a uma categoria inferior. Nada no casamento é necessário para uma vida cristã frutífera e significativa. De outro modo, Paulo e Jesus teriam se dado mal.

TODO PRODUZIDO E QUALQUER LUGAR PARA IR

Talvez a maior tentação na condição de solteiro seja presumir que o casamento vai suprir nossas carências, resolver nossas fraquezas, organizar nossas vidas e dar vazão aos nossos dons. Longe de ser a solução, Paulo faz do casamento uma espécie de problemático Plano B para a vida e o ministério cristão. Se for preciso, case-se, mas esteja atento ao fato de que seguir Jesus não será mais fácil quando você se unir a outro(a) pecador(a) dentro de um mundo caído. Embora o casamento possa trazer alegria, ajuda e alívio em certas áreas, multiplica, de imediato, nossas distrações, porque nos tornamos responsáveis por outra pessoa, por suas necessidades, por seus sonhos e por seu desenvolvimento. É um chamado elevado e bom, mas exige muito e nos impedirá de fazer muitas outras boas coisas.

Se Deus conduzir você ao casamento, talvez nunca mais viva um tempo como este, no qual se encontra neste exato instante. A fase da solteirice não é uma prévia do casamento. Tem o potencial de ser um período singular de dedicação completa a Cristo, um ministério sem distrações, voltado ao próximo. Com o Espírito em você e uma agenda livre, Deus lhe proporcionou os meios para fazer diferença duradoura em seu reino. Você está todo produzido, tem todas as bênçãos espirituais nos lugares celestiais (Ef 1.3) e, literalmente, pode ir a todos os lugares.

Mas, aonde eu vou, e o que vou fazer? Não posso dar essa resposta a todos, mas, a seguir, ofereço cinco lições que talvez o ajudem a transformar o mundo (ou pelo menos, seu pedacinho dele) enquanto você ainda não casou. Com a ajuda e a direção de Deus, você tem a liberdade de investir a si mesmo, seu tempo, seus recursos, sua juventude e sua flexibilidade em relacionamentos, ministérios e causas aptos a produzir frutos incríveis — vivendo solteiro, satisfeito e enviado.

1. Lembre-se de que, com frequência, a verdadeira grandeza parecerá fraqueza

Quando, finalmente, Jesus explicou aos discípulos exatamente que tipo de rei ele era — o que significava ser verdadeira, profunda e eternamente *grande* —, disse-lhes: "O Filho do Homem será entregue nas mãos dos homens, e o matarão; mas, três dias depois da sua morte, ressuscitará" (Mc 9.31). Como eles reagiram? Afastaram-se, disputando sobre quem seria o maior entre eles — o chefe entre pescadores que, de outra forma, seriam insignificantes (Mc 9.34). Em vez de ouvir Jesus falar sobre sua morte e redefinir a grandeza em termos de sacrifício — em termos de ser o último por amar —, eles disputavam o primeiro lugar. Conforme Jesus disse, o maior não pareceria assim tão grande. De fato, a verdadeira grandeza frequentemente tem a aparência de fraqueza, entrega, derrota e até mesmo morte.

Durante a maior parte do tempo, em vez de buscar grandeza através de sacrifício, eu me vejo esperando que Deus torne minha vida um pouco mais confortável, ou os relacionamentos um pouco mais fáceis ou o ministério um pouco mais frutífero, ou as afirmativas um pouco mais regulares. Mas, em vez disso, ele diz: "Quem quiser tornar-se grande entre vós, será esse o que vos sirva; e quem quiser ser o primeiro entre vós será servo de todos" (Mc 10.43-44). Os servos nesta vida reinarão na próxima. Os escravos desta vida serão reis eternos. A verdadeira grandeza não é do tipo que aparece com letras em negrito em nosso site favorito. Não, em vez disso é o que aparece nos detalhes da vida de nosso próximo, em vidas como a de Will. Se quisermos ser grandes, temos de nos entregar às necessidades pequenas, corriqueiras e facilmente desprezadas que estão à nossa volta.

2. Observe as pessoas que Deus já colocou à sua volta

Deus o colocou neste planeta e em sua vizinhança para que você e todas as pessoas de sua vida possam buscá-*lo*. Essa é a declaração da missão de Deus para seu campus, para o prédio em que você mora, para o seu quarteirão — onde quer que você viva, estude ou trabalhe. Paulo diz que Deus, "de um, só fez toda a raça humana para habitar sobre toda a face da terra, havendo fixado os tempos previamente estabelecidos e os limites da sua habitação, *para buscarem a Deus*, se porventura, tateando, o possam achar, se bem que não está longe de cada um de nós (At 17.26-27).

Deus determinou o lugar de nossa habitação diária — de *nosso* próprio lar, de *nossa* vizinhança particular, de *nossa* cidade específica — *para que* possamos buscá-lo e ajudar outros a também assim agir. Deus pode usar-nos para converter alguém por meio de uma interação breve ou aleatória com um estranho na academia ou na cafeteria. Mas a linha de frente do discipulado é feita por amizades, as quais exigem algum interesse, espaço ou hobby compartilhado — um lugar no qual os caminhos se cruzem. Até mesmo o apóstolo Paulo, que estava sempre viajando, encontrava tempo para aquele tipo de evangelismo e discipulado relacional, "vida na vida" (1Ts 2.8). Eu liderava um estudo bíblico naquela clínica específica porque estava a três quarteirões de onde eu morava.

Observe as pessoas que Deus coloca em sua vida, e faça o que puder para encorajá-las a buscar Jesus.

3. Enquanto você ainda é solteiro(a), pratique o altruísmo

Nada façais por partidarismo ou vanglória, mas por humildade, considerando cada um os outros superiores a si mesmo. Não tenha cada um em vista o que é propriamente seu, senão também cada qual o que é dos outros. (Fp 2.3-4)

Isso vai ficar ainda mais difícil no casamento, então comece a praticar imediatamente. Devemos pensar em algumas pessoas ou famílias pelas quais poderíamos entregar nossa vida como solteiros. Ninguém espera que você cuide e atue como provedor(a) em relação a outras pessoas neste momento — ninguém, exceto Deus. Devemos estar atentos às necessidades do próximo, especialmente dos que fazem parte da igreja, e considerar contribuir com eles. Pode ser algo como dinheiro ou comida, ou apenas tempo e energia. Talvez *especialmente* tempo e esforço.

Não importam nossos contracheques, nós temos recebido muito. Devemos gastar nosso dinheiro com sabedoria e generosidade, provendo as necessidades alheias. Financeiramente, você está sustentando apenas uma pessoa. Com certeza, deve economizar de forma modesta para os dias em que precisará de mais, mas, enquanto espera, procure meios de ajudar outras pessoas. Enquanto não estiver fazendo compras para cinco, jantar para dois ou comprando fraldas sem-fim, use seu orçamento para abençoar e desenvolva atitudes e hábitos de sacrifício em relação ao próximo. Esses hábitos serão muito úteis para seu futuro cônjuge e, nesse ínterim, farão com que Jesus brilhe lindamente para outras pessoas.

4. Diga sim à espontaneidade

É apenas um fato — o casamento acaba com a espontaneidade, não por completo, mas de forma significativa. Um de seus principais dons espirituais enquanto está solteiro é sua capacidade de dizer *sim*. Sim a uma conversa por telefone. Sim a tomar um cafezinho. Sim para ajudar na mudança de alguém. Sim para entrar numa casa e ajudar quando alguém está doente. Sim a um cineminha, na última sessão, ou a um evento especial em sua cidade. Você tem a incrível liberdade de dizer sim quando as pessoas casadas não podem nem mesmo cogitar fazer algo assim. Enquanto ainda não existe um cônjuge, você não tem como prejudicá-lo com as decisões altruístas por impulso que toma para servir aos outros. Quando você casar, não terá mais a mesma liberdade. Esteja disposto a dizer sim e ser uma bênção para outras pessoas, mesmo que nem sempre sinta vontade de fazer isso.

5. Faça coisas radicais para Deus, aquelas que consomem seu tempo

Da mesma forma que você tem liberdade para dizer *sim* a coisas espontâneas, também é capaz de dizer sim a coisas que exijam mais do que uma pessoa casada pode dar. Tenha sonhos maiores, mais custosos. Dê início a uma reunião diária de oração ou a uma ação evangelística regular. Assuma o compromisso de atuar como mentor e discipulador de diversos homens ou mulheres mais jovens que você. Organize um novo projeto, centrado em Cristo, de serviço à comunidade. Faça todas essas coisas. Você se surpreenderá, tendo em si mesmo o Espírito de Deus e a decisão de gastar bem seu tempo de solteiro, com a quantidade de coisas que você e seus amigos que ainda não casaram são realmente capazes de fazer, especialmente quando sonham e trabalham juntos. Mostre-se radical, mas não desprovido de bom senso. A ideia *não* é fazer qualquer coisa, até ficar perigosamente sem consistência. Tome as decisões em oração e em comunidade com as pessoas que o amam e conseguem dizer não a você.

Eu dirigia o estudo bíblico no centro de recuperação que ficava mais abaixo na minha rua. Enquanto eu não estava casado, também era orientador do ensino médio no grupo Young Life e fundei um pequeno grupo de homens e mulheres pós-faculdade em nossa igreja. Saí em viagens missionárias para a República Dominicana, a Índia e a Etiópia. Trabalhei com outras pessoas dando aulas de inglês como segunda língua e ministrei a refugiados que moravam perto de nossa igreja. Viver para a glória de Deus pode consistir em lecionar, por um ano, em uma escola cristã na Coreia do Sul ou servir na escola dominical que conta com dois ou três alunos portadores de deficiências mentais significativas. Nós temos um amigo que faz cada uma dessas coisas, e a beleza de Deus resplandece em ambas as atividades. Como você poderia utilizar seus dons para fazer algo radical ou que exija tempo, a fim de falar a outras pessoas sobre Jesus?

ENVIADO POR DEUS
A UM MUNDO DE DISTRAÇÕES

Nossa missão está clara, mas, às vezes, ainda a perdemos de vista. Somos distraídos pelas tantas outras coisas que vemos e fazemos. Paulo pode estar certo sobre a liberdade que a pessoa solteira tem em relação às ansiedades e distrações do casamento, mas, em um mundo de iPhones, iPads e de qualquer coisa que eu "iQuiser", nunca temos dificuldade para encontrar nossa cota de diversões. Na verdade, se você for como eu, está sempre atrás de diversão e tende a exagerar nesse quesito, seja assistindo ao canal de esportes ou ao canal de entretenimento de vídeos sob demanda, Hulu, seja malhando na academia, ou ainda comendo coisas "chiques" em restaurantes da moda, navegando nas redes sociais ou adquirindo o mais novo videogame. Podemos até chamar isso de descanso, mas, com demasiada frequência, estamos desperdiçando nosso tempo de solteiro — pelo menos, às vezes, era assim comigo. Tudo que acabo de mencionar pode ser feito para a glória de Deus, *e também* pode representar uma distração perigosa que nos desvie dela. Se recusarmos essa segunda situação, talvez precisemos deixar de lado nosso smartphone, nosso controle remoto ou nossa esteira ergométrica. No próximo capítulo, vamos examinar mais um pouco essas distrações — coisas que Deus fez para nos dar maior alegria nele, mas que, lamentavelmente, muitas vezes nos desviam dele e da importante obra que ele nos deu.

CAPÍTULO 3
NÃO DIVIDIDO E NÃO DISTRAÍDO

Hoje, aqueles que ainda não casaram vivem na geração mais tecnologicamente avançada da História. Isso quer dizer que também vivemos na geração mais conectada — e também na mais distraída. A distração sempre representou uma ameaça para a fé em Jesus — muito antes da TV a cabo, do primeiro iPhone e dos jogos de computador. Jesus disse que alguns ouviriam a Palavra de Deus, mas "a [semente] que caiu entre espinhos são os que ouviram e, no decorrer dos dias, foram sufocados com os cuidados, riquezas e deleites da vida; os seus frutos não chegam a amadurecer" (Lc 8.14). Ainda hoje, toda distração — boa ou má — provavelmente poderia receber um destes três rótulos: cuidado, riqueza ou prazer. Os três são diferentes, mas Jesus nos adverte que cada um tem o poder de nos distrair dele, de nos cegar quanto ao seu valor e de nos ensurdecer em relação à sua Palavra. Dessa forma, as distrações podem decidir nosso destino.

Como cristãos, somos um povo feliz, cheio de esperança e estranho que, "não atentando nós nas coisas que se veem, mas nas que se não veem; porque as que se veem são temporais, e as que se não veem são eternas" (2Co 4.18). Mas existe muita coisa para vermos neste mundo! Mais um filme, outro jogo de futebol, outra tendência da moda, outro aplicativo. Todos os cuidados, as riquezas e os prazeres tornam fácil esquecer o que não vemos, levando-nos à acomodação com muito menos. As coisas que nos distraem não são necessariamente ruins em si mesmas. Se Deus for nosso tesouro; sua glória, nossa missão; e sua Palavra, nossa direção, podemos deleitar-nos em todos os seus dons. Mas os dons tornam-se destrutivos quando nos distraem e nos afastam dele. Sua Palavra diz: "Porque dois males cometeu o meu povo: a mim me deixaram, o manancial de águas vivas, e cavaram cisternas, cisternas rotas, que não retêm as águas" (Jr 2.13). Costumamos ignorar a fonte e acessar a máquina de vender refrigerantes. Tomamos coisas que Deus nos deu que nos apontam para ele, e tentamos fazer com que retenham a água viva que só ele pode nos dar. Transformamos dons em deuses. E, enquanto o mundo observa nossas vidas — como gastamos nosso tempo livre, sobre o que falamos, onde gastamos nosso dinheiro —, todos saberão onde vive nosso coração (Mt 6.21). Deus também sabe.

Hoje, o problema com muitos de nós é que não nos mostramos ansiosos em relação à realidade espiritual, mas demonstramos uma ansiedade infinita em relação às coisas deste mundo. Semanalmente, frequentamos a igreja e até mesmo passamos a integrar um pequeno grupo, mas não perdemos o sono pelo cristianismo. Ele não nos custa muito. Oramos por 15 segundos antes da maior parte de nossas refeições, mas não sabemos como falar com Deus por muito mais tempo que isso. Passamos alguns minutos lendo a Bíblia aqui e acolá, mas nada que se aproxime do que gastamos navegando nas redes sociais. Temos todo o tempo do mundo para as coisas que não vão durar, e muito pouco para aquelas que duram para sempre.

Eu digo "nós", e não "você". Sou um grande fã de esportes — dos Reds and Bengals (sim, existem fãs de Cincinnati por aí). Minha esposa e eu temos alguns programas favoritos de televisão. Gostamos muito de experimentar novos restaurantes, especialmente sushi e comida tailandesa. Eu amo ler, e ela ama os *alfinetes* da Pinterest para afixar receitas ou espalhar pela casa. Você pode me encontrar na internet. Todas essas coisas têm o potencial de me ajudar a conhecer mais sobre Deus como o Pai criativo e generoso que ama dar boas dádivas a seus filhos. Mas também estão pulsando intensamente para atrair a atenção e o afeto para longe de Deus e de seu propósito para minha vida. Casados ou solteiros, as distrações têm a capacidade de nos destruir.

DIZENDO "SIM" ÀS DISTRAÇÕES

O casamento é muito bom — na Bíblia e por experiência própria —, mas exige muito de você. O casamento não o completará (pelo menos não do jeito que a maioria das pessoas imagina); o casamento vai dividi-lo. Paulo amava o casamento e o que o casamento cristão diz ao mundo (Ef 5.22-27, 32), mas também sabia quanto esse tipo de amor custa. Ele sabia que a intimidade pactual vem com grande responsabilidade. As bênçãos — e elas são muitas — vêm junto com os fardos a serem carregados.

Paulo afirma: "assim, tais pessoas sofrerão angústia na carne, e eu quisera poupar-vos" (1Co 7.28). Ele usa a mesma palavra para "aflições no mundo" em outro lugar com a finalidade de descrever pobreza (2Co 8.2), perseguição (1Ts 1.6) e até mesmo cruz (Cl 1.24). Isso não significa que o casamento não seja cheio de inacreditável alegria. Todas as mais profundas alegrias de Paulo vieram por meio de sacrifício e sofrimento (Rm 5.3-5). Como tudo que é difícil feito para Cristo, o matrimônio nos fortalece para perseverar na fé, refina e purifica nosso caráter, reforça a esperança que temos no Redentor e nos faz lembrar o amor de Deus que foi derramado, inundando nossos corações e nossas vidas.

Então, por que Paulo estimula as pessoas a pensar duas vezes antes de se casar? Ele diz:

> O que realmente quero é que estejais livres de preocupações. Quem não é casado cuida das coisas do Senhor, de como agradar ao Senhor; mas o que se casou cuida das coisas do mundo, de como agradar à esposa, e assim está dividido. Também a mulher, tanto a viúva como a virgem, cuida das coisas do Senhor, para ser santa, assim no corpo como no espírito; a que se casou, porém, se preocupa com as coisas do mundo, de como agradar ao marido. (1Co 7.32-34)

A ansiedade no casamento não é impiedosa nem desnecessária. Em verdade, a ansiedade é muito importante para um casamento saudável que valoriza Jesus. Se um marido não se mostrar ansioso por sua mulher, ou uma mulher não se preocupar com seu marido, o casamento pode sobreviver, mas talvez não seja saudável. Temos de sentir constante responsabilidade um pelo outro, estar atentos às necessidades do outro — sermos diariamente (e cheios de alegria) distraídos um pelo outro.

As distrações não são (necessariamente) um fardo, mas são verdadeiras. Paulo faz a matemática simples das pessoas casadas: uma parte do tempo, da energia e da atenção que dedica aos cuidados com o cônjuge não poderá ser gasta também com Jesus e o próximo. Isso não quer dizer que não seja possível encontrar maneiras criativas e significativas de buscar Cristo e pôr em prática *juntos* o ministério. Vocês podem e devem fazer isso. Mas significa que você terá de gastar boa parte de seu tempo ocupando-se com as necessidades de seu cônjuge, e não com sua devoção pessoal ao Senhor ou o emprego de seus dons para cumprir a Grande Comissão. No casamento, você verá e experimentará o evangelho de maneiras nunca antes vistas, e provavelmente terá menos oportunidades de orar, ler e servir do que tinha quando era solteiro. É uma boa troca — eu *amo* estar casado —, mas é uma troca verdadeira.

Paulo acreditava tanto no potencial de estar solteiro que até encorajou as viúvas a permanecerem nessa condição. Um pouco mais tarde, ele diz:

"A mulher está ligada enquanto vive o marido; contudo, se falecer o marido, fica livre para casar com quem quiser, mas somente no Senhor. Todavia, será mais feliz se permanecer viúva, segundo a minha opinião; e penso que também eu tenho o Espírito de Deus" (1Co 7.39-40).

Pense por um instante nisso — uma mulher de 30 ou 40 anos sozinha, talvez com filhos, sem um marido para prover suas necessidades e protegê-la. Paulo diz que *até mesmo ela* pode estar melhor se não voltar a casar. Ele só podia dizer isso por estar tão focado na vida futura e por fazer a vida atual ter algum valor para a próxima. Sua conclusão quanto a isso tudo? "Quem casa a sua filha virgem faz *bem*; quem não a casa faz *melhor*" (1Co 7.38). O casamento é muito bom. Mas permanecer solteiro pode ser ainda melhor. Sua visão de Jesus, do céu e do inferno é grande o suficiente para crer nisso?

A VIDA É CURTA

A maioria se esforçará apenas para sobreviver na condição de solteiro, esperando até mais tarde para levar a sério Jesus e sua missão, quando as coisas se tiverem acomodado na vida. Alguns poucos corajosos entre nós desenvolverão hábitos de não casados de conhecer a Jesus profundamente e compartilhá-lo livremente, muito além daquilo que poderíamos fazer caso estivéssemos no dia seguinte ao nosso casamento. Ser solteiro tem o potencial de ser um jardim — ou um ginásio esportivo, ou uma cozinha, ou uma escola

— de devoção sem distrações a Jesus, diferente de qualquer outra fase de nossas vidas. Mas, para que possamos crer nisso, temos de aprender algumas coisas a respeito desta vida. Aqueles que vivem para a glória de Deus — que vivem para a próxima vida enquanto ainda estão nesta — *sentirão* uma urgência persistente, até mesmo dolorosa.

O trabalho que temos a fazer em nossos próprios corações e pelo bem dos perdidos é a obra mais importante a ser realizada na História. E não há muito tempo. João escreve: "Ora, o mundo passa, bem como a sua concupiscência; aquele, porém, que faz a vontade de Deus permanece eternamente" (1Jo 2.17). Diferente de você e do céu, a terra está expirando, e isso está acontecendo relativamente rápido. À luz da eternidade, tudo que está à sua volta e que parece tão forte, real e interessante terá acabado antes de nos darmos conta. Este mundo — com suas promessas, experiências e prioridades — não é o melhor investimento de nossa energia e de nossas ansiedades.

A vida é curta. Você e tudo ao seu redor vão viver, em média, pouco mais de setenta anos. Isso vai parecer menos que uma breve pausa para ir ao banheiro em comparação com a eternidade que está à nossa frente. Tudo no mundo nos ensina a estender cada momento ao máximo, a sorver cada última gota do tempo aqui na Terra. Mas não fomos feitos para isso, e não estaremos aqui por muito tempo. Temos de parar de acreditar na mentira de que o que temos aqui é *tudo* que temos, e começar a pensar que tudo que possuímos aqui deve ser investido naquilo que está por vir.

Se o mundo inteiro passasse hoje, nós amaríamos o que sobrou? Desenvolvemos esses músculos espirituais agora ao dizer, com tudo que temos e fazemos agora, que Jesus é nosso maior tesouro. A vida é curta, e tudo que temos e vemos aqui é passageiro. Tudo, exceto Jesus.

CÉU E INFERNO

Também precisamos ser lembrados de que Jesus realmente voltará. Não como São Nicolau voltando no próximo mês de dezembro. Jesus Cristo, crucificado, ressurreto, aquele que reina, retornará — e muito em breve. Ele disse isto antes de morrer: "Então, aparecerá no céu o sinal do Filho do Homem; todos os povos da terra se lamentarão e verão o Filho do Homem vindo sobre as nuvens do céu, com poder e muita glória" (Mt 24.30). Você realmente está esperando pela volta de Jesus para resgatá-lo deste mundo tenebroso e tornar novas todas as coisas? Você *quer* que ele volte? Ele virá naquele dia, "quando vier para ser glorificado nos seus santos e ser admirado em todos os que creram" (2Ts 1.10). Ele aparecerá a todos que creem nele, e será esplendorosamente belo e cativante, satisfazendo a todos os nossos anseios. Nunca mais teremos de olhar para outra coisa. Veremos e nos alegraremos em muitas outras coisas nos novos céus e na nova terra, mas não precisaremos de nada. Ele bastará para nós eternamente.

O que dizer dos que *não* creram? No versículo anterior, Paulo fala que Deus infligirá "em chama de fogo, tomando vingança contra os que desconhecem Deus e contra os que não obedecem ao evangelho de nosso Senhor Jesus. Estes sofrerão penalidade de eterna destruição, banidos da face do Senhor e da glória do seu poder" (2Ts 1.8-9). A vida é curta; o inferno, real. Alguns verão a Deus e nunca mais precisarão de outras coisas. Outros viverão toda a sua vida sem jamais conhecer a Deus, alguns tendo sido expostos ao evangelho e o rejeitando; outros, sem nunca ter ouvido o nome de Jesus. Todos esses estarão perdidos e condenados devido ao seu pecado contra Deus. Estou envergonhado por dizer que a minha vida — minhas prioridades, minhas conversas, minha ousadia — nem sempre falou a outras pessoas sobre a realidade do céu e do inferno. Devemos ser apaixonados, persistentes e nos mostrar *ansiosos*, para que os outros vejam que Jesus é melhor do que qualquer coisa que este mundo possa oferecer, e que viver para qualquer outra coisa só conduzirá a uma dor e um castigo terríveis, que nunca vão acabar.

A vida é curta, Jesus voltará e o céu e o inferno são reais. Verdades simples e importantes como essas são nossas armas na guerra contra as distrações. Aqueles cujos corações estão sendo moldados pela vontade de Deus terão um senso de urgência nesta vida e terão cautela com as distrações que venham impedir a si mesmos e a outros de agradar mais a Deus para sempre. Devemos estar ansiosos quanto às realidades espirituais por baixo de tudo que acontece em nossa vida e em nossos relacionamentos, porque existe muito em jogo. Devemos sentir o peso de nosso planeta perdido, e a urgência de nossos poucos dias sobre ele.

O MUNDO NÃO VAI SE IMPORTAR COM VOCÊ

Os cuidados do mundo podem prender nossa atenção e nossos afetos por algum tempo, mas não podem satisfazer por muito tempo — hoje, estão aqui; em segundos, já terão desaparecido. Na maior parte do tempo, não nos preocupamos com o tempo que dispensamos a isso, porque parece inócuo — as coisas entram por um ouvido, saem pelo outro, com um tempo cada vez maior destinado ao nosso Facebook. Jesus diz que essa espécie de distração é mais perigosa do que podemos imaginar. Essas distrações alimentam-nos com notícias — resultados de competições esportivas, negócios on-line, controvérsias, análises, fofocas — a ponto de não conseguirmos mais viver sem elas. Jesus avisou que alguns ouvirão a Palavra e gostarão daquilo que ouviram, "mas os cuidados do mundo, a fascinação da riqueza e as demais ambições, concorrendo, sufocam a palavra, tornando-a infrutífera" (Mc 4.19). O que ele quer dizer com "sufocar"? Alguns versículos antes, ele diz "e os espinhos cresceram e a sufocaram, e não deu fruto" (Mc 4.7). O mundo está cheio de espinhos que procuram encobrir, excluir e *sufocar* a Palavra de Deus em seu coração. Você sente isso no decorrer da semana? Sente a demanda constante por sua atenção e por seu afeto?

O chamado não é para pensar em Jesus — e *apenas* em Jesus — o tempo todo. Deus quer que nos alegremos em todo dom para sua glória, e ele nos dá muitos dons além de seu Filho. Paulo pergunta: "Aquele que não poupou o seu próprio Filho, antes, por todos nós o entregou, porventura, não nos dará graciosamente com ele *todas as coisas?*" (Rm 8.32). Em Jesus, *todas* as coisas já nos foram prometidas. Isso significa que somos livres para não ter de conhecer, possuir ou experimentar nada em nossos setenta ou oitenta anos aqui. Receberemos tudo (1Co 3.21-23). Então, por que estamos tão ansiosos a respeito dos cuidados desta vida — o que vamos vestir, quantos seguidores temos, quanto ganhamos em dinheiro, o que ele disse sobre ela ou ela disse a sobre ele? Devemos estar dolorosamente ansiosos e apaixonados pelas realidades espirituais — sobre Jesus, o céu e o inferno. *Não* precisamos estar ansiosos a respeito de nada mais. Essa espécie de ansiedade só nos pesa e nos torna infrutíferos na vida (Pv 12.25).

NOSSA JANELA PARA O MUNDO

Qual é a principal janela atual para os cuidados deste mundo? Você provavelmente carrega essa janela em seu bolso. Nossos telefones celulares são instrumentos de distração em massa. Foram projetados — agora são décadas de testes e marketing — para nos distrair. Pela graça de Deus, nossos aparelhos podem ser usados para espalhar o evangelho e a Palavra de Deus através de meios novos e populares a milhões de pessoas em todo o mundo. Eu escrevo para desiringGod.org, um site que usa tecnologia para ajudar as pessoas a encontrar felicidade *em Jesus* (e não na tecnologia).

Nossos telefones também podem distrair-nos até a morte e nos manter sem jamais deixá-los de lado. Muitas vezes, tenho sido o ofensor em nossa casa. Satanás apresenta inúmeras mentiras que nos mantêm presos aos celulares e, portanto, aos cuidados deste mundo — uma espécie de "melhora" espiritual distorcida do telefone fixo. Antigamente, os telefones ficavam pendurados na parede; hoje, nós que ficamos pendurados nos telefones. Duas mentiras são especialmente atraentes e resumem boa parte das outras. Ganhar a liberdade de nossos telefones requer que nos libertemos de mentiras como as que prendem a tecnologia a nós em uma fria corrente de aço.

Mentira 1: O mundo precisa de mim

Para alguns de nós, um complexo de salvação nos prende aos telefones. Temos medo de que alguma coisa aconteça e alguém precise de nós — só de nós — imediatamente. O que eles poderiam fazer se não estivermos à sua disposição? Bem, provavelmente aquilo que faziam por milhares de anos antes da existência do telefone ou por uns duzentos anos mais, quando o telefone era fixo na parede ou na mesinha. E o que é mais provável, embora seja estranhamente impensável numa geração centrada no *eu*: eles simplesmente chamariam outra pessoa.

O mundo não precisa de mim. Deus governa o mundo, preservando-o e fazendo-o prosperar, e tem feito isso sem a minha presença pela maior parte da história — por milhares e milhares de anos. Se, de repente, eu morresse amanhã, sem dúvida haveria dor, perda e mudança significativa para alguns poucos, porém o mundo sobreviveria, seguiria adiante e estaria tudo bem. O Deus onisciente e onipotente ainda está no controle da situação e está plenamente comprometido em cumprir sua obra em todos os lugares deste planeta. Ele cuidará de cada detalhe com amor perfeito, no tempo perfeito e com um poder ilimitado. E proverá para aqueles que o amam (Mt 6.26-30).

Mentira 2: Eu preciso do mundo

Precisamos nos sentir necessários. Amamos a ideia de que alguém precisa digitar um texto ou ligar ou tuitar para chamar nossa atenção. Não podemos perder aquele momento em que alguém pensou em nós. Alertas reiterados nos asseguram de que somos importantes e amados, ainda que, com frequência, o afeto seja raso, superficial e de curta duração. Nossos *smartphones* nos fazem parecer necessários, e nos proporcionam controle — ou pelo menos a ilusão de controle. Decidimos quando *clicar*, quais aplicativos queremos adicionar em nossos celulares e com quem desejamos nos envolver. Os relacionamentos face a face não são tão convenientes quanto os amigos do Facebook ou os seguidores do Snapchat. Mas aquelas amizades e aqueles relacionamentos estão na linha de frente da fidelidade, e são as oportunidades com maior potencial para um impacto duradouro.

Como um repórter desesperado, carente de sono, nós verificamos nossas fontes a cada poucos minutos, em busca da próxima manchete — de esporte, comida, política e cultura popular. Esforçamo-nos para saber tudo, mas acabamos sabendo tudo sobre nada. De uma forma trágica, tomamos conhecimento das tendências mais recentes no Twitter, dos vídeos mais engraçados do YouTube e dos feitos noticiados em Instagram dos bebês dos outros, mas temos dificuldade em dar resposta a perguntas sobre as pessoas que realmente participam de nossas vidas. Como crentes em Jesus e no evangelho, nossa identidade nunca é sobre quanto somos necessários nesta vida, sobre o que controlamos ou quanto sabemos. Nossa vida é medida pela vida que nos foi dada por nós, pelo preço que foi pago para nos tornar seguros e satisfeitos para sempre (1Co 6.20). Fomos criados e salvos não para ser amados pelas redes sociais — ou por quaisquer distrações que nos prendam ao telefone —, mas pelo Deus Todo-poderoso de santidade e misericórdia.

LANÇANDO SOBRE ELE TODO CUIDADO

Esse Deus Todo-poderoso, santo e misericordioso não é apenas um juiz e um rei; ele também é um pai. Ele cuida de você e o ama como um de seus próprios filhos ou filhas. Você tem um Pai no céu, todo-sábio e todo-poderoso, que sabe tudo de que você precisa e promete entregar precisamente isso quando mais se faz necessário. Jesus diz:

> Por isso, vos digo: não andeis ansiosos pela vossa vida, quanto ao que haveis de comer ou beber; nem pelo vosso corpo, quanto ao que haveis de vestir. Não é a vida mais do que o alimento, e o corpo, mais do que as vestes? [...] Porque os gentios é que procuram todas estas coisas; pois vosso Pai celeste sabe que necessitais de todas elas; buscai, pois, em primeiro lugar,

o seu reino e a sua justiça, e todas estas coisas vos serão acrescentadas. (Mt 6.25, 32-33)

Você não precisa andar ansioso — distraído por alimento, bebida, vestimenta ou por qualquer outra circunstância nesta vida. Você é cuidado por seu Pai celestial. Ele conhece tudo a seu respeito, até mesmo as meias que você vai usar amanhã e o que vai beber junto com o lanche. Ele sabe tudo de que você necessita, tem tudo à sua disposição e ama você. "Lançando sobre ele toda a vossa ansiedade (e vossas distrações), porque ele tem cuidado de vós" (1Pe 5.7). Que o amor que ele demonstrou a você em Cristo o liberte de tudo o mais que exige sua atenção!

CAPÍTULO 4

AME A VIDA QUE VOCÊ NUNCA QUIS TER

Ser solteiro traz seus próprios sofrimentos, uma espécie de miséria que muitas pessoas casadas simplesmente não entendem mais. Pergunto-me quais são seus dias mais difíceis. Talvez tenha sido um rompimento (ou vários). Ou talvez seja o fato de nada ter chegado a se tornar um relacionamento sério. Nunca houve um namorado ou uma namorada de verdade que *pudesse* terminar com você. Talvez você tenha desistido e começado a experimentação sexual — em relacionamentos ou on-line —, em busca de amor, prazer e controle, mas, em vez disso, encontrou vergonha, remorso e escravidão. Talvez você tenha desejado ser mãe ou pai desde que tinha idade para saber o que era uma mãe ou um pai. Você tem sonhado (e sonhado muito) em ter os próprios filhos e filhas. Você ama os filhos de seus amigos, mas às vezes a amargura entra de mansinho em seu coração. Talvez você esteja em busca apenas de amizade ou companheirismo, alguém com quem rir ou chorar. Provavelmente mais pessoas queiram casar por solidão do que pela combinação de sexo e filhos. Pelo menos é o que eu suponho. Talvez as pessoas casadas tenham feito comentários insensíveis, dizendo para você se alegrar em "amar Jesus", ou lembrando-o de como é maravilhoso esperar, ou tentando empurrar você à amiga da irmã da filha do tio. Para você, talvez isso nada tenha a ver com namoro ou casamento. Talvez seja por causa do relacionamento ou do divórcio de seus pais, ou por ter perdido cedo demais alguém que você amava, ou ainda por haver recebido o diagnóstico de uma condição ou doença que ameace ou altere o curso de sua vida. Como ocorre com todo mundo, quem ainda não casou vai experimentar alguma dor, mas essa dor, de alguma forma, vai aumentar pelo fato de estar solteiro ou solteira.

Com frequência, os rompimentos são os vales mais profundos e os maiores obstáculos dos primeiros dias da vida de quem ainda não casou. Pelo menos comigo foi assim. Lembro-me daqueles dias e das conversas mais vívidas do que dos melhores dias de namoro. Todo rompimento é difícil, mas alguns doem mais que outros. Namorei uma menina durante muito tempo, provavelmente por quase um ano. Tínhamos formado todo o tipo de memórias, conhecíamos bem as famílias um do outro e havíamos feito muito serviço cristão juntos. Parecia tudo tão certo e nós tínhamos muita *certeza*. O que poderia dar errado?

Bem, ela rompeu comigo. Eu sabia que as coisas nem sempre eram tão legais, que nem sempre eu conduzia bem o relacionamento e que havia pontos preocupantes sobre os quais não concordávamos, mas eu não achava que chegaria àquele *ponto*. Não pensava que ela iria me deixar. Mas ela me deixou. Disse-me claramente que nunca mais namoraríamos. "Amigos. Nada mais que isso." Na época, fiquei arrasado. Nem pensei em namorar outra pessoa por um ano inteiro. Isso pode não parecer nada para você (e não deveria), mas, para mim, àquela altura da vida, pareceu uma eternidade. Eu amaria dizer que era porque eu estava ajustando o foco do meu coração em Jesus (embora isso realmente tenha acontecido durante esse ano), mas, na verdade, eu queria que ela voltasse para mim. Sentia-me consumido pela rejeição, por meu desejo de casar e pela solidão que eu sentia sem ela.

Bem, ela voltou. Exatamente quando comecei a perder a esperança, ela enviou uma mensagem e quis se encontrar comigo. "Precisamos conversar." Encontramo-nos naquela mesma noite e, entre muitas lágrimas, ela me disse que queria voltar para mim. De repente, todos os meus sonhos tornaram-se reais. Eu havia esperado, com pano de saco e cinzas, e finalmente fora recompensado. Certo? Namoramos por pouco mais de um ano, e as mesmas questões surgiam sempre, e ficou claro para a maioria das pessoas (inclusive para ela) que não deveríamos querer nos casar. Meus pais tentavam desencorajar-me, e até meus amigos expressavam suas reservas. Mas eu ainda acreditava que iríamos nos casar, que poderíamos simplesmente ignorar as questões polêmicas, pois, no final, tudo acabaria dando certo. Acho que eu pensava assim em todo relacionamento, mesmo quando tinha só 13 ou 14 anos. É *claro* que nos casaríamos.

Por que haveríamos de terminar? Bem, contra toda a minha experiência, e contra tudo que Deus me ensinara, contra todos os sinais de alerta em nosso relacionamento, eu acreditei de novo — cega e obstinadamente acreditei.

Porém, no momento em que eu, tolamente, acreditei que ficaríamos noivos, ela rompeu comigo — de novo. Dessa vez, para sempre. E ela estava certa. Ingênuo e imaturo, eu me apaixonara mais pelo casamento em si do que por ela. Minha paixão pelo casamento me deixava confuso, ferido e desesperado quando não tinha uma namorada. A dor que eu sentia revelava o que eu amava. O desespero deixou exposto aquilo em que eu acreditava — sobre Deus, sobre mim e sobre o casamento. Minha miséria expôs minha idolatria. Meu sofrimento por estar solteiro, em sua maior parte impacientemente autoimposto, ensinou-me a reordenar meus amores e viver (e namorar) de maneira diferente.

SATANÁS CAÇA ENTRE OS FERIDOS

Os leões da montanha percebem a vulnerabilidade de suas vítimas e atacam os mais fracos — os jovens, doentes e feridos. É assim que vive o leão da montanha, banqueteando-se com aquilo que ele encontra. O inimigo de nossa esperança e de nossa felicidade nos caça com o instinto de um leão da montanha, com um coração gelado e uma fome implacável pelos decepcionados e feridos. "O diabo, vosso adversário, anda em derredor, como leão que ruge procurando alguém para devorar" (1Pe 5.8). Como ele é astuto, passa boa parte do tempo junto aos desapontados e aflitos. Fica à espreita com suas mentiras, querendo consumir os frágeis, vulneráveis e solitários. Talvez, às vezes, estar solteiro pareça assim para você.

Nossa dor e nosso sofrimento nesta vida nos lembram que estamos em guerra. Conquanto Deus prometa fazer todas as coisas cooperarem para o bem daqueles que o amam (Rm 8.28), Satanás anda em derredor tentando corromper essas mesmas coisas e enchê-las de mentiras (Ap 12.9). Os momentos mais sofridos de nossa vida — qualquer que seja o modo como essas dores chegam — são aqueles nos quais estamos mais propensos a questionar Deus e seguir nosso próprio caminho, confiando em nós mesmos mais do que em Deus, tentando novamente controlar nossa própria vida. Satanás nos diz: *Deus não se importa com a dor pela qual você está passando. Deus não consegue fazer nada a esse respeito. A aflição, a miséria e a adversidade nunca vão acabar.* Porém, todas as coisas difíceis da vida que possam nos tentar a duvidar de Deus e de sua bondade são feitas por Deus para nos conduzir *a ele*. Deus nos adverte, por meio da dor, que um inimigo poderoso, sedutor e criativo quer nos matar e cegar para o divino amor soberano por nós. Quando nos sentimos decepcionados ou aflitos, Deus nos chama para a guerra. Está amorosa e violentamente nos sacudindo para que saiamos de nossa complacência e do sentimento de que merecemos alguma coisa para a mais profunda e mais importante realidade da vida do que as circunstâncias que nos envolvem.

LANÇANDO SOBRE ELE NOSSOS CUIDADOS

Pedro sabia bem como Satanás estava pronto para pular sobre ele nas circunstâncias difíceis, pronto para agarrá-lo quando estava prestes a sucumbir à tentação, sem forças para lutar, sentindo-se totalmente só. Ele havia abandonado e negado Jesus na noite de sua morte — não uma, mas três vezes (Lc 22.60). Como um pequeno cervo ferido que tenta escapar do predador, Pedro, outrora tão confiante e forte, tornou-se uma presa indefesa.

Mas, antes de Jesus ser pendurado na cruz, ele havia orado por Pedro, para que sua fé não lhe faltasse e que, das cinzas do medo e da derrota, seu ministério voltasse a surgir (Lc 22.31-32). O mesmo Pedro que tremeu de medo diante da pequena serva, negando conhecer Jesus (Lc 22.56), mais tarde foi corajosamente crucificado por causa de sua fé. E, antes de morrer com tamanha ousadia, ele contou ao mundo sobre seu amor por Jesus, e escreveu duas cartas aos cristãos que sofriam em toda parte e por todos os tempos, até mesmo para os de hoje em dia. Disse ele aos sofredores: "Humilhai-vos, portanto, sob a poderosa mão de Deus, para que ele, em tempo oportuno, vos exalte, lançando sobre ele toda a vossa ansiedade, porque ele tem cuidado de vós" (1Pe 5.6-7). Seu sofrimento presente será apenas por um tempo breve (1Pe 1.6), ainda que seja pelo resto de sua vida sobre a terra. Em breve, Deus o levantará ("exaltará") e o tirará dessas circunstâncias difíceis, levando-o à sua presença segura e satisfatória, para longe de tudo que você temia e sofria nesta vida (cf. Rm 8.16-18; Tg 4.10). Ele sarará toda ferida, recompensará toda perda sofrida e enxugará toda lágrima (Ap 21.4). No lugar de nossas experiências despedaçadas e dolorosas aqui na terra, haverá uma fonte infinita da maior alegria que já provamos ou conhecemos (Sl 16.11). Pedro aprendeu que Satanás gosta de caçar entre os que estão feridos, mas também aprendeu que Deus nos arma para lutar a boa luta, ainda que seja no meio da dor e da fraqueza. Deus planta verdades invencíveis em nossos corações vulneráveis — e, então, guarda nossa fé com seu poder infinito (1Pe 1.4-5).

DEZ PROMESSAS PARA TODA DOR

Estamos em guerra, mas não estamos sozinhos — até mesmo quando ainda não casamos. Deus está conosco e cuida de nós. Antes de Jesus deixar a terra, quando comissionou seus discípulos a ir pelo mundo sombrio com a luz da esperança do evangelho, ele lhes disse (e também a nós): "Eis que estou convosco sempre, até a consumação dos séculos" (Mt 28.20). Pedro ainda promete mais: "Resisti-lhe firmes na fé, certos de que sofrimentos iguais aos vossos estão-se cumprindo *na vossa irmandade espalhada pelo mundo*" (1Pe 5.9). Você pode não *conhecer* alguém, em seu entorno imediato, que esteja passando pelo mesmo sofrimento pelo qual você está passando, mas você não está sozinho entre os cristãos no mundo e na história. Deus tem cuidado deles, e quer que saiba que ele cuidará de você também. A riqueza e o poder infinitos de Deus suprem o povo fraco e sofredor com suas provisões de incansável compaixão e cuidado *quando* estão se agarrando juntos à Palavra de Deus, de maneira especial às suas promessas. Mas, para nos ater às palavras de Deus, temos de conhecê-las. Aqui estão dez promessas de Deus para todas as dores, todas as decepções e todos os medos que porventura você e seus amigos possam enfrentar.

1. Conhecer Jesus sobrepuja tudo o mais que se possa ter ou perder nesta vida

> Sim, considero tudo como perda, por causa da sublimidade do conhecimento de Cristo Jesus, meu Senhor; por amor do qual perdi todas as coisas e as considero como refugo, para ganhar a Cristo e ser achado nele, não tendo justiça própria, que procede de lei, senão a que é mediante a fé em Cristo, a justiça que procede de Deus, baseada na fé. (Fp 3.8-9)

2. Toda provação nos ajuda a provar a autenticidade de nossa fé e de nossa alegria

> Nisso exultais, embora, no presente, por breve tempo, se necessário, sejais contristados por várias provações, para que, uma vez confirmado o valor da vossa fé, muito mais preciosa do que o ouro perecível, mesmo apurado por fogo, redunde em louvor, glória e honra na revelação de Jesus Cristo. (1Pe 1.6-7)

3. Toda as nossas dores nos preparam para cuidar de quem sofre

> Bendito seja o Deus e Pai de nosso Senhor Jesus Cristo, o Pai de misericórdias e Deus de toda consolação! É ele

que nos conforta em toda a nossa tribulação, para podermos consolar os que estiverem em qualquer angústia, com a consolação com que nós mesmos somos contemplados por Deus. (2Co 1.1-4)

4. Com o tempo, o sofrimento será o combustível e não prejudicará nossa esperança e nossa alegria

E não somente isso, mas também nos gloriamos nas próprias tribulações, sabendo que a tribulação produz perseverança; e a perseverança, experiência; e a experiência, esperança. Ora, a esperança não confunde, porque o amor de Deus é derramado em nosso coração pelo Espírito Santo, que nos foi outorgado. (Rm 5.3-5).

5. Nenhum sofrimento pode roubar aquilo que Jesus comprou para nós

Aceitastes com alegria o espólio dos vossos bens, tendo ciência de possuirdes vós mesmos patrimônio superior e durável. (Hb 10.34)

6. Jesus jamais se cansa de cuidar dos que estão cansados

Vinde a mim, todos os que estais cansados e sobrecarregados, e eu vos aliviarei. Tomai sobre vós o meu jugo e aprendei de mim, porque sou manso e humilde de coração; e achareis descanso para a vossa alma. Porque o meu jugo é suave, e o meu fardo é leve. (Mt 11.28-30)

7. O sofrimento nos dará fé e força para suportar até o fim

Meus irmãos, tende por motivo de toda alegria o passardes por várias provações, sabendo que a provação da vossa fé, uma vez confirmada, produz perseverança. Ora, a perseverança deve ter ação completa, para que sejais perfeitos e íntegros, em nada deficientes. (Tg 1.2-4)

8. Deus derramará suas riquezas infinitas para suprir nossas necessidades de cada dia

E o meu Deus, segundo a sua riqueza em glória, há de suprir, em Cristo Jesus, cada uma de vossas necessidades. (Fp 4.19)

9. Nem um grama de nossa dor é sem sentido, mas está produzindo glória para nós

Por isso, não desanimamos; pelo contrário, mesmo que o nosso homem exterior se corrompa, contudo, o nosso homem interior se renova de dia em dia. Porque a nossa leve e momentânea tribulação produz para nós eterno peso de glória, acima de toda comparação. (2Co 4.16-17)

10. Um dia, todo o nosso sofrimento, até a última lágrima, terá fim

> E lhes enxugará dos olhos toda lágrima, e a morte já não existirá, já não haverá luto, nem pranto, nem dor, porque as primeiras coisas passaram. (Ap 21.4)

Deus escreveu um livro para nos consolar em meio às nossas dores e nos ajudar a vencer toda a ignorância e toda a insensibilidade inevitáveis quando tentamos ajudar o próximo em seus sofrimentos. Ao recebermos as palavras de Deus para nós, até mesmo nas situações mais difíceis, estamos ouvindo o Criador do mundo — aquele que desenhou cada centímetro de nosso corpo e foi autor de cada segundo de nossa história, inclusive de nosso sofrimento. O Deus que nos fala em nosso sofrimento por meio da Bíblia é o mesmo artista que pintou todas as luzes mais brilhantes e todas as sombras mais escuras de nossa vida. Ele conhece perfeitamente nossas dores e, se confiarmos nele e recebermos suas palavras de esperança, ele promete o bem para nós em qualquer sofrimento que estejamos enfrentando.

TRISTES, MAS REGOZIJANDO-NOS SEMPRE

Então, com o que se parecem a fé e a humildade em meio às dificuldades e aos corações despedaçados? "Humilhai-vos... lançando sobre ele toda a vossa ansiedade, porque ele tem cuidado de vós" (1Pe 5.6-7). Em vez de lançar afrontosamente nossas aflições de volta a Deus com amargura e medo, a humildade devolve cada ansiedade a ele com afeto e confiança. A humildade recusa tratar Deus como um chefe incompetente ou antipático; ao contrário, aproxima-se dele como de um Pai compassivo e dedicado, ainda que em meio ao sofrimento da solteirice. Jesus diz: "Observai as aves do céu: não semeiam, não colhem, nem ajuntam em celeiros; contudo, vosso Pai celeste as sustenta. Porventura, não valeis vós muito mais do que as aves?" (Mt 6.26). Se realmente crêssemos que o Deus que criou todas as coisas, tendo absolutamente tudo a seu dispor, cuida de nós como um pai, não resistiríamos a ele, nem resistiríamos à sua vontade, mesmo quando nossa vida fica difícil ou temos de esperar por mais tempo do que o previsto. "Pelo contrário, em tudo recomendando-nos a nós mesmos como ministros de Deus: na muita paciência, nas aflições, nas privações, nas angústias, nos açoites, nas prisões, nos tumultos, nos trabalhos, nas vigílias, nos jejuns" — nos anos de solteirice — como "entristecidos, *mas sempre alegres*; pobres, mas enriquecendo a muitos; nada tendo, mas possuindo tudo" (2Co 6.4-10).

Nós seguimos Jesus, "o qual, em troca da alegria que lhe estava proposta, suportou a cruz" (Hb 12.2) — "ele *se humilhou*, tornando-se obediente até a morte" (Fp 2.8). Tudo ele sofreu sabendo da felicidade de estar seguro *pelo* céu e *para* o céu. Será que encontraremos esperança e força nele para fazer o mesmo? O enaltecido Rei do universo era também o humilde servo sofredor. "Era desprezado e o mais rejeitado entre os homens; homem de dores e que sabe o que é padecer; e, como um de quem os homens escondem o rosto, era desprezado, e dele não fizemos caso" (Is 53.3). Nosso Salvador experimentou a mais negra, solitária e intensa dor da solidão. Por quê? "Ele foi traspassado pelas nossas transgressões e moído pelas nossas iniquidades; o castigo que nos traz a paz estava sobre ele, e pelas suas pisaduras fomos sarados" (v. 5). Com os olhos fixos no galardão, repletos de alegria, ele sofreu *tudo e qualquer coisa* para nos dar esperança em meio a nosso sofrimento. Jesus pode compadecer-se de nós e nos carregar naquilo que tivermos de enfrentar, por qualquer tempo que seja, se confiarmos nele e andarmos com ele.

DECEPÇÕES E SONHOS NÃO REALIZADOS

A dor do desapontamento que sentimos em nossa vida na condição de solteiros cai das árvores cheias de nossas expectativas. Com o passar dos anos, em nossa jovem imaginação, nossos sonhos crescem e tornam-se mais belos, para, então, a realidade fazer a colheita, quase indiscriminadamente, tirando os frutos que queríamos provar por nós mesmos. Pelo menos era assim que eu me sentia, depois de anos querendo casar. Tendemos a definir nossa vida com base em nossa percepção do progresso que fazemos. Eu estou onde achava que estaria com essa idade? Será que alcancei o que achava que iria alcançar? Meus sonhos são mais reais ou menos reais hoje?

Nossos planos e sonhos podem tornar-se ídolos. O casamento é um bom presente e um deus terrível. A maior parte de meu sofrimento durante meus anos de adolescência (e mesmo quando estava na casa dos meus vinte anos) veio para entregar mais do meu coração a um futuro casamento do que para entregá-lo a Deus. É muito fácil depositar nossa esperança e nossa felicidade em uma esposa ou em um marido, e definir nosso crescimento, maturidade e valor segundo nosso estado civil. Quando rendemos adoração ao amor, ao romance, ao sexo ou ao casamento — e não a Deus —, estamos esperando essa dor e essa decepção.

Se somos casados nesta vida, essa condição será breve, e não vamos lamentar essa brevidade daqui a dez mil anos. Realmente não vamos lamentar. Ninguém vai dizer: "Ah, como eu queria estar casado!" ou "Realmente eu queria continuar casado por mais cinco ou dez anos". Esses anos parecerão alguns segundos em comparação ao tempo glorioso e totalmente feliz que gozaremos depois que todos os casamentos tiverem findado. Temos de pensar nisso quando consideramos a intensidade de nosso desespero para ter isso agora. Temos de perguntar se fizemos do casamento uma condição para ter uma vida feliz e significativa. Será que vou me sentir aniquilado e miserável diante da perspectiva de nunca casar? Penso em mim mesmo como alguém incompleto ou sem importância na condição de cristão não casado? Essas perguntas podem revelar sinais vermelhos de advertência, lembrando-nos que o casamento se transformou em um ídolo para nós. No fim de tudo, todos nós seremos solteiros para sempre, e isso será gloriosamente bom. Em verdade, o casamento é algo pequeno e breve em comparação a tudo que temos em Cristo para sempre. Escrevo isso como alguém que passou mais de uma década desejando ter essa experiência temporária nesta vida.

O DEUS DO UNIVERSO ESTÁ COM VOCÊ

A Bíblia deixa claro que nossa vida nunca é definida por nosso desempenho ou pelas circunstâncias que nos cercam, e certamente também não é definida por nosso estado civil. O que realmente torna valiosa qualquer vida hoje é a presença, a proteção e o prazer do Deus Todo-poderoso, que em tudo satisfaz. Depois de ter sido vendido pelos próprios irmãos como escravo, José, surpreendentemente, subiu ao poder no que era o império mais dominador do mundo:

> *O Senhor era com José*, que veio a ser homem próspero; e estava na casa de seu senhor egípcio. Vendo Potifar que o Senhor era com ele e que tudo o que ele fazia o Senhor prosperava em suas mãos, logrou José mercê perante ele, a quem servia; e ele o pôs por mordomo de sua casa e lhe passou às mãos tudo o que tinha. (Gn 39.2-4)

Potifar pôs José à frente de tudo. Mas a mulher de Potifar cobiçou José e tentou seduzi-lo. Quando ele recusou sua sedução, ela o acusou dizendo que ele havia tentado tomá-la para si. Suas mentiras arrancaram dele todo o seu poder e toda a sua responsabilidade e o fizeram ir para a prisão (Gn 39.20). Ele não havia cometido pecado algum (pelo menos não com a mulher de Potifar); não houve engano em sua boca, mas ele recebeu um tratamento pior do que o de um escravo, trancafiado, sem qualquer esperança de ser solto.

"*O Senhor, porém, era com José*, e lhe foi benigno, e lhe deu mercê perante o carcereiro; o qual confiou às mãos de

José todos os presos que estavam no cárcere; e ele fazia tudo quanto se devia fazer ali (Gn 39.21-22). Quer ele estivesse investido de poder, quer estivesse na prisão, a vida de José era cheia de esperança, significativa e bem-sucedida, não porque ele se esforçasse muito ou recebesse o que merecia ou vivesse seus grandes sonhos, mas porque *Deus estava com ele*. O Senhor estava com ele no sucesso; o Senhor estava com ele na prisão e o Senhor estava com ele quando ele subiu de novo ao poder, dessa vez sobre todo o Egito (Gn 41.39-40).

AME A VIDA QUE VOCÊ NUNCA QUIS TER

Será que a vida que você vive atualmente é aquela que sempre desejou para si? Você achava que, a essa altura, já estaria casado(a)? E quanto ao trabalho — não é aquilo que você esperava? Você sente que seus dons estão sendo desperdiçados? Sonha em fazer algo diferente em sua vida? Talvez você queira morar em outro lugar. Anseia por estar mais perto (ou mais longe) de casa.

A realidade é que todos podemos imaginar alguma coisa melhor para nós do que as circunstâncias atuais. A realidade *maior* é que, se amamos e seguimos Jesus, Deus sempre escreve uma história melhor para nós do que nós mesmos poderíamos escrever. O "melhor" se baseia nisto: o próprio Deus é a melhor coisa, a mais gratificante, que podemos ter ou experimentar; assim, a plenitude de nossa vida reside não no sucesso terreno, não nos relacionamentos ou nas realizações, mas no fato de estarmos mais próximos de Deus pela fé.

O aspecto sombrio dessa boa-nova é que talvez você tenha de passar por dor, desapontamento, rejeição e sofrimento por sete ou oito (ou setenta ou oitenta) anos. A faceta mais brilhante (que prevalece) diz que Deus nunca erra ao escolher o que é bom para você. Toda experiência que você tem — esperada ou inesperada, desejada ou indesejada, agradável ou dolorosa — é o bom plano de Deus para que você seja dele (Jo 10.27-29), para dar a si mesmo a você para sempre (Sl 16.11) e usar sua vida para revelá-lo e mostrar sua glória ao mundo a seu redor (Is 43.25; 1Co 10.31).

Cerca de dois mil anos depois de José, Paulo viveu e escreveu as mesmas coisas a respeito da vida:

> Aprendi a viver contente em toda e qualquer situação. Tanto sei estar humilhado como também ser honrado; de tudo e em todas as circunstâncias, já tenho experiência, tanto de fartura como de fome; assim de abundância como de escassez; tudo posso naquele que me fortalece.
> (Fp 4.11-13)

Qual é o segredo da alegria e do contentamento em face de qualquer dor ou de qualquer desapontamento que a vida nos traga? Concentrar e ancorar nossa alegria e nosso contentamento *em Cristo*, e não em um casamento ou em qualquer outra coisa. Deus pretende que todos nós, assim como José, injustamente acusado, como Paulo, brutalmente espancado, e como seu Filho, rejeitado e crucificado, tenhamos a mesma fé, a mesma esperança e a mesma alegria, mesmo através de nossa dor e de nosso sofrimento. Faça dele seu maior tesouro e sua maior ambição, e veja tudo o mais que acontece com você à luz daquele prazer infinito e daquela segurança inabalável. Aprenda a amar a vida que você tem com Deus, mesmo que essa seja a vida que você nunca quis ter.

CAPÍTULO 5

CONHECENDO A TODOS, MAS NÃO SENDO CONHECIDO

Em certo sentido, crescer — desde aprender a andar, quando ainda somos bebês, a fazer contas no ensino fundamental, a sair com os amigos no ensino médio, a dirigir e a trabalhar quando estamos na faculdade, a mudar de casa para viver por conta própria —, tudo isso faz parte de uma longa jornada rumo à independência. Nossos pais amam e apoiam essa jornada porque querem que consigamos sobreviver e ter sucesso na vida. Eles nos amam muito, querem o melhor para nós e fariam qualquer coisa por nós, mas não querem, necessariamente, pagar por oito anos de faculdade ou nos ver morando no porão da casa deles quando tivermos 44 anos.

Nós também amamos a independência. Em parte, amamos crescer e nos tornar independentes porque fomos feitos para o trabalho, para contribuir com algo para o mundo — "para cultivar e guardar" (Gn 2.15). Também amamos a independência porque isso nos traz liberdade. Obedecíamos à nossa mãe e ao nosso pai enquanto eles traziam o sustento para casa, mas agora nós somos nossos próprios chefes. E gostamos disso. Gostamos de escolher até que horas vamos ficar na rua e a que horas vamos nos levantar. Gostamos de comer o que queremos quando bem quisermos. Amamos fazer as coisas segundo nosso próprio horário, quando sentimos vontade. Às vezes, a independência pode ser deprimente porque parece-nos desconexa e solitária, mas também pode ser extremamente animadora, pois começamos a nos dar conta do que somos capazes de fazer, além de desenvolver nosso próprio senso de autonomia.

A vida de quem ainda não casou, por natureza, cultiva a independência. Quando saímos de casa e de baixo da autoridade de nossos pais, assumimos mais responsabilidade. Tipicamente, também nos tornamos menos responsáveis pelos outros. Agora somos responsáveis por nós mesmos. E, quanto mais tempo ficamos sem casar, mais fácil e intensamente passamos a nos isolar. A independência em relação aos nossos pais torna-se independência em relação ao mundo inteiro. *Eu* sei do que preciso. *Eu* pago as minhas contas. *Eu* decido meu horário. *Eu* cozinho minha comida (ou pelo menos eu a pego no *drive-thru* da lanchonete). Sou adulto. Não preciso de mais ninguém. A independência pode separar-nos da graça que necessitamos, colocando-nos contra o primeiro e maior chamado sobre nossas vidas. Ninguém foi criado para ficar solitário — para viver sozinho para a glória de Deus. O livro de Provérbios nos adverte: "O solitário busca o seu próprio interesse e insurge-se contra a verdadeira sabedoria" (Pv 18.1). Ninguém foi feito para viver sozinho. A independência é um aspecto vital do crescimento cristão em maturidade, mas a dependência também é — depender de Deus e depender de outros ao nosso redor. Jesus diz: "Nisto conhecerão todos que sois meus discípulos: se tiverdes amor uns aos outros" (Jo 13.35).

DIAS DE INDEPENDÊNCIA

Hoje em dia, não pensamos em nós mesmos como pessoas isoladas, ou pelo menos não nos descreveríamos assim. Todo mundo tem centenas de seguidores no Instagram ou amigos no bate-papo do Snapchat. As curtidas, os comentários e toda a atenção criam essa ilusão de comunidade. Muitas pessoas conhecem muita coisa *a respeito de* nós. Mas a maioria não nos conhece de fato. Os outros enxergam os momentos aleatórios que resolvemos compartilhar, como se fossem algumas dezenas de pedaços de um quebra-cabeça de mil e quinhentas peças. Ninguém consegue ver o quadro todo nas redes sociais. Nossas postagens nos levam a nos *sentir* conhecidos sem jamais permitir que *sejamos verdadeiramente conhecidos*. Hebreus diz:

> Tende cuidado, irmãos, jamais aconteça haver em qualquer de vós perverso coração de incredulidade que vos afaste do Deus vivo; pelo contrário, exortai-vos mutuamente cada dia, durante o tempo que se chama Hoje, a fim de que nenhum de vós seja endurecido pelo engano do pecado. (Hb 3.12-13).

Cristãos isolados logo serão cristãos mortos. Devido ao modo como o pecado nos ataca — vivendo dentro de nós, enganando nossos corações, convencendo-nos de que é falso o que é verdadeiro — nós precisamos dos outros para *regularmente* ("todo dia") nos lembrar o que é verdade e nos advertir a não brincar com o pecado ou ceder a ele. Nós, cristãos, não devemos estar menos conectados ou menos dependentes à medida que vamos crescendo e amadurecendo. Tornamo-nos *mais* ligados, *mais* dependentes, enquanto aguardamos a volta de Jesus. Devemos exortar uns aos outros, dia após dia: desvie-se do pecado, corra na direção de Deus e salve sua alma. Sem essas vozes, estaremos condenados. Satanás é bastante convincente, bastante persuasivo demais, bastante sagaz. Ele nos conhece melhor do que conhecemos a nós mesmos e nos enganará até a morte se lhe dermos espaço.

Deus pode nos usar para encorajar e desafiar uns aos outros de todas as formas, inclusive com mensagens de textos, tuítes e *stories* no Snapchat, mas a luta gigantesca em que nos encontramos é mais efetiva quando lutada face a face, vida na vida, porque sempre tenderemos a projetar uma imagem diferente de nós mesmos, uma versão maquiada que apreciamos mais, e não nosso verdadeiro *nós*. A tentação também está presente nas amizades pessoais, face a face, porém é muito mais fácil escondermo-nos nas redes. Quando nos reunimos no mesmo espaço, imediatamente tornamo-nos mais vulneráveis.

O autor de Hebreus escreve:

"Consideremo-nos também uns aos outros, para nos estimularmos ao amor e às boas obras. *Não deixemos de congregar-nos*, como é costume de alguns; antes, façamos admoestações e tanto mais quanto vedes que o Dia se aproxima. (Hb 10.24-25)

O rumo natural de nossas vidas é o afastamento da comunidade. Relacionamentos reais, relevantes e transformadores não acontecem nem duram acidentalmente. Exigem esforço e intencionalidade. Sempre haverá a tentação de *não* nos encontrar, de não expor a nós mesmos — nossas decisões, nossas emoções, nossos fardos, nosso pecado — a outros crentes. Sei disso como alguém que, diversas vezes, segurou uma, duas ou até mesmo três "velas". O diabo não quer que sejamos conhecidos por nossos irmãos e irmãs em Cristo, porque, quando somos realmente conhecidos, temos o tipo de consolo, convicção, cura e santidade que ele odeia.

UM JARDIM SECRETO DE ORGULHO

Uma chave para andar em meio à dor e aos desapontamentos está nas pessoas que permanecem perto de você. O sofrimento pode ser o meio predileto de Satanás nos isolar. A dor pode tornar-se um jardim secreto de orgulho. Não falamos muito a esse respeito, por ser algo tão sensível, tão vulnerável — tão dolorido. Porém, por mais sensível que seja o assunto da dor, é igualmente perigoso pisar em ovos à sua volta sem enfrentar de fato a situação. Na pior das hipóteses, a dor pode fazer-nos duvidar da bondade de Deus, revolvendo-nos em autopiedade e isolando-nos de Deus e das outras pessoas. A dor torna-se orgulhosa porque acredita que ninguém mais entende. *Ninguém sente o que eu sinto.* Assim, a dor se distancia de qualquer um que queira tentar falar ao seu sofrimento. Mas Deus nos dá a si mesmo, sua Palavra e *uns aos outros* para trazer fé, conforto e força em meio à nossa dor, até mesmo a dor mais severa e singular que possamos ter.

Uma prova para determinar se nossa dor está produzindo orgulho é perguntar como reagimos ao encorajamento que vem das outras pessoas, especialmente dos outros crentes que *não* compreendem nossa tristeza, nossa solidão, nossos desapontamentos ou qualquer outra coisa que estejamos sentindo. Estamos dispostos a ouvir acerca da esperança em Deus de alguém que não tenha experimentado ou não consiga compreender nosso coração partido? Se não estivermos dispostos, é porque nossa dor nos levou ao isolamento, e Satanás está logrando êxito em seus planos de nos fazer sofrer.

ESTUDO DE CASO: A DOR DA **SOLTEIRICE INDESEJADA**

Há alguns anos, escrevi vários artigos relacionados à condição de ser solteiro enquanto eu ainda não havia casado, e parece que foram bem recebidos. Acho que as pessoas gostaram e compartilharam com muitas outras pelo menos em parte porque eu mesmo era um rapaz solteiro que refletia sobre as dificuldades (e o lado bom) de ser solteiro. Depois de, finalmente, me casar com minha noiva, fiquei surpreso ao ver quão depressa parecia haver perdido toda a credibilidade entre alguns dos que ainda continuavam solteiros. Então, na condição de recém-casado, publiquei um artigo intitulado "Infelizmente, solteiros — Esperança para quem ainda não casou". E, embora muitas pessoas tenham expressado apreço por esse artigo[5], surgiu um novo coro de vozes se insurgindo contra o que escrevi:

> Não quero ser desrespeitoso, mas é difícil levar a sério um artigo sobre ser solteiro escrito por alguém que é casado.
> Isso é simplesmente uma ofensa. Só as pessoas que já estão casadas escrevem coisas desse tipo.
> Sempre as pessoas casadas é que dão conselhos sobre estarem satisfeitas com Jesus. Para elas, é fácil dizer isso.

A ironia é que escrevi o artigo mais de um ano antes de casar. Depois disso, eu dizia as mesmas verdades, com a mesma voz, verdades provenientes da mesma experiência, mas as palavras encontravam uma nova resistência, e até mesmo rejeição.

Os comentários negativos não foram a resposta predominante, de modo que não estou contando essa história para defender esse artigo ou meu ponto de vista. Na verdade, eu mesmo já pensei e disse algumas das mesmas coisas negativas quanto ao "encorajamento" que recebia de amigos casados. A revelação para mim, contudo, foi ver com quanta

---

5 Marshall Segal, "Infelizmente, solteiros — Esperança para quem ainda não casou", Voltemos ao Evangelho, https://voltemosaoevangelho.com/blog/2020/12/infelizmente-solteiros-esperanca-para-quem-ainda-nao-casou.

facilidade usamos nossa dor para rejeitar as boas-novas de Deus para nós. Vejo isso em mim. Tendemos a rejeitar o que qualquer um diz sobre nossa dor, mesmo quando essa pessoa está simplesmente repetindo para nós as palavras *de Deus*, simplesmente porque não acreditamos que tal pessoa — autor, pastor, pai ou mãe, amigo — seja capaz de compreender aquilo pelo qual estamos passando. Satanás ama ver a dor e o sofrimento nos separando do corpo de Cristo, como se estivessem erguendo um grande muro, afastando-nos do amor e do encorajamento de outros crentes.

O PRIMEIRO E MAIOR PASSO

Seu primeiro passo para encontrar a comunidade de que precisa deve ser fazer parte de uma igreja local. Essa é uma das coisas mais radicalmente contraculturais e espiritualmente benéficas que você pode fazer na vida de quem ainda não casou. Enquanto todo mundo da sua idade se nega a se vincular a alguém e se responsabilizar, submeta-se a um corpo de crentes. Enfie no chão uma estaca e diga ao mundo inteiro que você pertence a Jesus, que sua vida é dele e que você deseja que outras pessoas o responsabilizem por isso. Diga-lhes que o cristianismo não é apenas um cantinho em sua vida; o cristianismo é a sua vida.

Talvez você pense que isso está acontecendo com seus amigos, mas esses relacionamentos, por mais fortes e seguros que pareçam, só estão realmente seguros por meio do afeto, e não por meio de um pacto. Algo pode dar errado amanhã e, de repente, sua "comunidade" desaparece. Essa é a diferença entre um relacionamento de namoro e o casamento. O pacto estabelece as expectativas e mantém todos à mesa. A amizade cristã é parte essencial da vida cristã saudável, mas não substitui sua participação como membro de uma igreja local. Mesmo que seus amigos o conheçam melhor do que qualquer membro da igreja (isso, provavelmente, é verdade), eles não estão qualificados nem têm o compromisso formal de cuidar de você quando sua vida começa a desmoronar ou quando você começa a se afastar e entrar em pecado. Os amigos podem afastar-se como um namorado entediado. A igreja é mais estável, segura e confiável.

A igreja deve desempenhar diversos papéis importantes em nossas vidas. A reunião semanal será uma fonte bastante necessária de refúgio e refrigério; nela, somos lavados de novo pelas boas-novas e recebemos a Palavra de Deus, verdadeira e transmissora de vida. O fato de nos tornar membro da igreja associa nossos dons específicos a um corpo específico de pessoas carentes. Teremos mais oportunidades de participar, de forma ativa e produtiva do corpo de Cristo, compartilhando aquilo que Deus nos deu — estar em missão, em nosso estado de solteiro, em benefício dos outros. A igreja também deve funcionar como um instrumento para nos auxiliar a discernir o que fazer com nossas vidas. O chamado pode *ter início* em nossos corações, quando Deus nos dá o desejo de assumir aquele trabalho ou de casar com aquela moça, mas jamais devemos presumir a bênção de Deus sem a confirmação dos outros crentes. Nossos corações tendem a vaguear e somos inclinados a justificar aquilo que queremos para nós.

Se a vida trata apenas de fazer o que queremos, sem dúvida deveríamos nos isolar. Mas, se a vida trata de fazer aquilo para o qual fomos criados, aquilo pelo qual somos singularmente dotados e chamados a fazer — o que exaltará mais a Jesus —, temos de nos cercar de gente que procura essas mesmas coisas. Precisamos ser membros de uma igreja.

Com certeza, a igreja ainda pode falhar com você. Por essa razão, é importantíssimo encontrar uma igreja saudável. Você tem a impressão de que, em determinada igreja, as pessoas real, autêntica e apaixonadamente amam Jesus Cristo? Quando você as ouve orando, cantando e falando, percebe que estão se voltando constantemente para a cruz? Quando o pastor prega, você percebe que o que ele diz está na Bíblia, ou a maior parte do que ele fala é simplesmente uma série de pensamentos próprios, que pertencem a ele mesmo? Existem pequenos grupos nessa igreja ou alguma outra forma pela qual você possa ser realmente conhecido? Os líderes parecem preocupados em cuidar de cada membro e certificar-se, o melhor possível, de que você não se desvie em pecado? Existem muitas outras perguntas a fazer, mas essas são algumas das mais básicas e importantes. Precisamos ser membros de uma igreja local, e nos assegurarmos de que é uma igreja à qual podemos confiar nossas almas e nossas vidas.

CONVIVA COM PESSOAS CASADAS

Uma vez que você faça parte de uma igreja local, disponha-se a passar algum tempo e aprender com pessoas que se encontram em outras fases de suas vidas. Uma das maiores bênçãos em participar de uma igreja saudável é a oportunidade de interagir com crentes que já experimentaram o que estamos experimentando agora ou ainda vamos experimentar.

Conviva com pessoas casadas. Quanto mais tempo você permanece na condição de solteiro, mais tempo tem para aprender sobre o casamento por meio dos sucessos e das falhas das outras pessoas. Embora você não consiga evitar seus próprios pecados e descompassos matrimoniais, certamente poderá aumentar a probabilidade de grandes e pequenos sucessos se for um bom aprendiz antes. Busque oportunidades de fazer parte regular da vida e da família de pessoas casadas. Se você não estiver por perto o suficiente para ver um pouco da luta e do que é desagradável, talvez seja porque ainda não está próximo o bastante. Não se imponha sobre as pessoas, mas não tenha medo de iniciar uma conversa. Ofereça-se para cuidar de seus filhos, para que o casal possa sair para namorar, ajude com o serviço do jardim ou leve uma refeição quando uma das crianças estiver doente. Então, seja um aprendiz. Faça perguntas. Anote tudo aquilo que você deve imitar. Como nossas mentes e nossos corações estão sendo formados pela Escritura para o casamento, precisamos observar casamentos imperfeitos, porém fiéis. Por três anos inteiros, um pastor e sua esposa me receberam para almoçar com sua família na maior parte dos domingos. Aprendi muito mais vendo como ele liderava e servia em casa do que assistindo às suas pregações no púlpito da igreja.

Embora as pessoas casadas forneçam um exemplo e uma perspectiva importantes, você também precisa de pessoas em sua vida que estejam experimentando os mesmos sentimentos, os mesmos anseios e as mesmas tentações que você. Você deve encontrar e investir em pessoas que fazem o mesmo tipo de questionamento que você, e procuram aproveitar ao máximo essa fase da vida em que estão solteiras para direcionar seu amor a Jesus. Pense nisto: embora fosse solteiro, Paulo realizou a maior parte de seu ministério com outras pessoas. Encontre amigos confiáveis, capacitados, de mentalidade missionária; então, sejam responsáveis uns pelos outros, a fim de tornar suas vidas de ainda não casados significativas para o Reino. Seguir a Cristo nunca deveria ser algo solitário, mesmo quando você ainda não está casado.

A COMUNIDADE DAQUELES QUE AINDA NÃO CASARAM

Se estamos em Cristo, definitivamente não existe nada de solitário em nós. Todos nós sabemos que existem intimidades que são — e devem ser — exclusivas ao casamento, porém o que mais importa pode realmente ser experimentado na noiva de Cristo, sua igreja. Um cônjuge pode ajudar e prover para nós de uma forma que outras pessoas não podem, mas um irmão e uma irmã verdadeiros, cheios do Espírito, perseverantes e presentes, podem cuidar de nós de um modo surpreendente.

Esses relacionamentos, nascidos e construídos no evangelho, oferecem-nos muito amor e muita intimidade. Nesse amor — uns pelos outros na família da fé —, encontramos afeição (Rm 12.10), conforto (2Co 13.11), bondade (Ef 4.32), alívio (Gl 6.2), encorajamento (Ef 5.19), honestidade e verdade (Cl 3.9), perdão (Cl 3.13), direção e correção (Cl 3.16), proteção (Hb 3.13), oração (Tg 5.16) e hospitalidade (1Pe 4.9). Enquanto esperamos pelo dia do nosso casamento, realmente não precisamos ficar esperando por qualquer dessas coisas. Deus já providenciou para nós por meio uns dos outros. Se fazemos parte *dessa* família, *não* estamos sozinhos. Talvez não estejamos casados, mas fomos plantados em uma comunidade eterna e estamos cercados de amor duradouro, afeto, segurança e mil outros benefícios nas relações.

Esse tipo de relacionamento não acontece por acaso. Não vamos experimentar o conforto da amizade cristã sem nos esforçar para isso. Antes que alguém nos possa servir, temos de nos colocar no caminho do seu amor. Participe de um pequeno grupo, ou comece um. Encontre dois homens (se você for homem) ou mulheres (se for mulher) com quem possa compartilhar a vida e orar juntos de forma regular, talvez semanalmente. Sirva em um ministério por meio de sua igreja ou na comunidade local, e proponha-se a conhecer as pessoas que trabalham com você. Não espere que os relacionamentos significativos, de ajuda, simplesmente aconteçam. Você vai precisar de muita iniciativa, mas não podemos viver na plenitude da alegria, do amor e do propósito que Deus promove sem que tenhamos esse tipo de comunidade, *especialmente* quando ainda não estamos casados.

CAPÍTULO 6
100 MIL HORAS

O que devo fazer com a minha vida? Para muitas pessoas que ainda não casaram, essa pergunta provavelmente expressa o seguinte: *Onde vou trabalhar?* É uma questão difícil e, para muitos, uma questão constante e que muda sempre, às vezes por anos a fio. Os diplomas não garantem um emprego e, raramente, nos ajudam a tomar grandes decisões. Em que cidade vou viver? Qual trabalho devo procurar? Como saber se devo aceitar uma oferta ou permanecer no mesmo emprego?

Todo mundo tem de trabalhar para viver (mesmo quando não trabalhamos por um contracheque), e provavelmente gastaremos mais tempo no trabalho a cada semana do que em qualquer outra coisa que fizermos. Como podemos aproveitar o máximo de nosso tempo e direcionar toda essa energia e todo esse esforço às coisas que realmente mais importam? Como seguidores de Jesus, como pessoas resgatadas com o propósito de passar a eternidade com ele, não trabalhamos para provar algo a nós mesmos ou para servir a nós mesmos. Mas o que devemos realmente *fazer*? O que *eu* devo fazer? A questão prática é: o que eu vou fazer para me sustentar? Quando fazemos as contas — 50 horas x 50 semanas x 40 anos — e percebemos que estamos falando de *100 mil* horas, a pergunta é a seguinte: O que eu *serei*?

Nos últimos anos, só em nosso pequeno grupo, tivemos um engenheiro, uma enfermeira, um corretor de seguros, uma doula, um especialista em recursos humanos, uma mãe que fica em casa de tempo integral, uma cuidadora de *homecare*, um contador, uma conselheira universitária, uma babá, um treinador de futebol, um consultor de TI e muito mais. Cada uma dessas funções tem o potencial de trabalhar para o Senhor e para sua glória. Paulo escreve: "Tudo quanto fizerdes, fazei-o de todo o coração, como para o Senhor e não para homens, cientes de que recebereis do Senhor a recompensa da herança. A Cristo, o Senhor, é que estais servindo" (Cl 3.23-24). Se somos de Cristo, *estamos* servindo a Jesus quando programamos *software*, quando somos treinadores de futebol de estudantes de ensino médio, quando vendemos seguros, quando cuidamos de nossas casas e criamos três filhos pequenos ou quando gerimos as finanças de nossa grande empresa. Não por acaso você está trabalhando onde trabalha e gasta a maior parte de seu tempo ali toda semana. É uma mudança estratégica feita pelo Deus do universo para realizar seu alvo único que está sobre todas as coisas em sua vida: que o mundo saiba que ele é Deus, que você pertence a ele e que a vida e a alegria só se encontram nele. Elias disse: "Ó Senhor, Deus de

Abraão, de Isaque e de Israel, fique, hoje, sabido que tu és Deus em Israel, e que eu sou teu servo e que, segundo a tua palavra, fiz todas estas coisas" (1Rs 18.36). Esse deve ser o lema sobre todo o nosso trabalho, onde quer que trabalhemos, todos os dias em que trabalhamos.

O TRABALHO PODE TRABALHAR CONTRA NÓS

Nosso trabalho tem o potencial de ser um playground para nosso maior propósito na vida, proporcionando-nos oportunidades sobre oportunidades para usarmos nosso tempo e nossos dons dizendo que Deus é nosso Salvador e nosso tesouro — e não o trabalho, o dinheiro, ou o sucesso. Mas, como ocorre com qualquer boa dádiva dada por Deus, o trabalho também tem o potencial de nos distrair daquilo que é mais importante, removendo Deus do trono de nossos corações e mantendo-nos à margem do que deve ser o trabalho mais importante do mundo. Por que essa é uma advertência especialmente relevante para aqueles que ainda não estão casados? Bem, porque alguns que *querem* estar casados colocam o tempo, a energia e o afeto que estariam investindo no casamento em suas carreiras. Quando Deus não traz o homem ou a mulher que queremos, simplesmente nos casamos com o trabalho. A profissão pode ser o caso amoroso antes do casamento — e, hoje em dia, isso está mais presente do que nunca. Enquanto Deus enfaticamente exalta e santifica o casamento, nós frequentemente o menosprezamos, buscando seguir nossos sonhos vocacionais.

Qualquer trabalho que façamos pode ser uma tentação para confiarmos em nós mesmos, e não em Deus — para nos alegrar e adorar aquilo que conseguimos ver e pelo qual recebemos reconhecimento, em vez do Deus que está por trás de tudo e que a tudo sustenta. Sim, Paulo disse que era melhor não casar, mas eu acho que ele não tinha sucesso profissional em mente ao falar isso. Precisamos de um chamado e de um tesouro maior que nós mesmos e mais glorioso que qualquer trabalho que possamos realizar. Se realmente quisermos ser felizes em nossos empregos, não podemos basear nossa felicidade em nossas obras ou habilidades. Nosso culto e nossa felicidade têm de estar ancorados e enraizados antes de tudo e tão somente em Deus. Somente ele faz tudo que merece adoração. Com as mãos no arado e os corações em Deus, Pedro poderá dizer de nós: "a quem, não havendo visto, amais; no qual, não vendo agora, mas crendo, exultais com alegria indizível e cheia de glória" (1Pe 1.8).

NÃO PODEMOS GANHAR O AMOR POR MERECIMENTO

Todo mundo tenta merecer amor. Para muitos de nós, isso começou na pré-escola, quando tentávamos agradar à mamãe e ao papai com mais um desenho para afixar na geladeira. Em seguida, isso foi cultivado na competição das salas de aula de ensino fundamental e confirmado por notas, troféus e prêmios do ensino médio. Na faculdade, pela primeira vez fomos identificados por nosso curso —

por nosso futuro trabalho. Quatro ou cinco anos mais tarde, depois de receber nosso primeiro contracheque, já estamos lutando contra o desejo da sociedade de nos definir pelo local em que trabalhamos, por quem trabalha para nós e por quanto ganhamos. Tudo isso *parece* trabalho, mas, na verdade, é adoração. Usa o rótulo de responsabilidade e provisão, mas, com frequência, é a busca desesperada e promíscua por afirmação e redenção.

Deus nunca será ganho por meio do trabalho. Ele ama salvar, mas não salva os que acham que merecem isso. A graça é a única moeda corrente com que ele trabalha. Todo o resto que possamos tentar oferecer será como o dinheiro falso do jogo "Banco Imobiliário". Ele se recusa a amar e confirmar você como se fosse algum "CEO cósmico superior", porque ele "não é servido por mãos humanas, como se de alguma coisa precisasse; pois ele mesmo é quem a todos dá vida, respiração e tudo mais" (At 17.25). Para ser claro, o sucesso *não* é uma maldição; ele se torna maldição quando, sutilmente, torna-se nosso salvador. Deus faz prosperar as obras de nossas mãos em toda espécie de coisas para sua glória. Porém, esse *não* é seu método de nos tornar seus e, certamente, não foi feito para nos tornar maiores. Trabalhamos e obtemos sucesso como pessoas que já foram resgatadas de uma condição quebrantada e carente. Casados ou ainda não casados, labutamos dentro da segurança do amor de Deus. Não vamos ganhar nada de Deus por nosso trabalho das nove às cinco — trabalhamos com a segurança e a confiança que *já temos em Cristo*, por sua cruz.

OITO ALVOS PARA TODO TRABALHO

O evangelho nos liberta de trabalhar para *provar* algo a nós mesmos e nos livra de trabalhar apenas para *servir* a nós mesmos. Talvez tenhamos em vista altos salários ou um carro mais novo e mais luxuoso, ou o reconhecimento e o louvor dos líderes da empresa, mas nosso desejo por esse trabalho é impelido por um coração voltado ao mundo à nossa volta ou pelo mundo que se encontra dentro de nós? Nosso trabalho diz respeito a fazer nossa vida contar para o bem do próximo ou a obter nosso próprio pequeno céu aqui? O evangelho nos salva tão profundamente e nos satisfaz tão plenamente que somos capazes de nos permitir — nossos dons, nossa carreira profissional e até mesmo nossa própria vida — ser derramados por amor ao próximo, especialmente pelo amor à fé e à alegria em Deus. Onde quer que trabalhemos, fomos convocados por Deus como agentes da alegria eterna. A seguir, temos oito alvos que devem impulsionar toda carreira cristã. Apaixone-se por essas aspirações e seu trabalho produzirá muitos frutos por Cristo, qualquer que seja sua área de atuação.

1. Aspire engrandecer a Deus

Conforme já aprendemos, a paixão que Deus tem por sua glória inspira tudo que ele faz, incluindo amar e salvar os pecadores (Is 44.22-23). Agora ele chama os redimidos a fazer tudo que *nós* fazemos para sua glória: "Portanto, quer comais, quer bebais ou façais outra coisa qualquer, fazei tudo para a glória de Deus" (1Co 10.31). O *que quer* que façamos:

em privado ou publicamente, por diversão ou por vocação, no domingo e na segunda-feira, sejamos solteiros ou casados. A maior obra de Deus no mundo é revelar um pouco mais de sua força e de sua beleza esplendorosas aos olhos das pessoas por toda parte. Ele deseja que esse seja o impulso do coração e o alvo de nossa vida, como também de nossa vocação, onde quer que trabalhemos — que as pessoas vejam nosso bom trabalho e glorifiquem ao nosso Deus (Mt 5.16).

2. Aspire fazer a obra de Deus

Se nossa única categoria para o trabalho do Senhor fosse o ministério cristão, não tardaria para desligarmos funcionalmente a vocação de nossa vida da missão de nossa vida — de engrandecer a Deus e sua glória. *Todo* trabalho é trabalho de Deus — preparado por ele, realizado pela fé nele, feito perante ele e para ele. Os livros-caixa do contador, a programação do projetista e o lanche preparado pela mãe são obras de Deus, planejadas por ele muito antes de nosso primeiro dia de trabalho. Todas as nossas boas obras, tenham ou não hora marcada, nos foram preparadas para que andássemos nelas (Ef 2.10).

Nosso trabalho é a obra de Deus porque não podemos fazê-lo sem ele. Nada, seja na vocação, seja em qualquer outra atividade, agradará a Deus se não for feito em fé, ou seja, confiando ativamente em Jesus e prezando-o como nosso maior tesouro. Paulo diz: "e tudo o que não provém de fé é pecado (Rm 14.23). A rota do motorista, a precisão do cirurgião, o conselho do recepcionista, tudo isso é obra do Senhor quando se faz dependendo dele para a força, a sabedoria e o talento. As palavras de Paulo: "Tudo quanto fizerdes, fazei-o de todo o coração... a Cristo, o Senhor, é que estais servindo", não são conselhos hiperespirituais para vencer barreiras psicológicas em seu trabalho. Quando amamos Jesus, em todas as nossas tarefas, de qualquer espécie, estamos servindo *a ele*.

3. Aspire encontrar sua alegria em Deus, e não no dinheiro

"Quem mais eu tenho no céu? Não há outro em quem eu me compraza na terra. Ainda que a minha carne e o meu coração desfaleçam, Deus é a fortaleza do meu coração e a minha herança para sempre" (Sl 73.25, 26). Talvez nenhuma distração seja mais sutilmente atraente do que nossa carreira (ou o sucesso, a fama e o dinheiro que a carreira produz). De qualquer forma, com 100 mil horas, nosso trabalho terá uma quantidade incrível de atenção. Ninguém, porém, pode amar a Deus *e* o dinheiro — ou sucesso, reconhecimento, perfeccionismo ou promoções. Isso não se trata de um mau conselho para nossa saúde. É algo simplesmente impossível (Mt 6.24).

Vencemos essas ameaças à nossa alma quando nos satisfazemos mais em Deus. Isaías escreve: "Por que gastais o dinheiro naquilo que não é pão, e o vosso suor, naquilo que não satisfaz? Ouvi-me atentamente, comei o que é bom e vos deleitareis com finos manjares" (Is 55.2). Uma pessoa que come assim — que se alimenta de tudo que Deus tem para ela eternamente — não vai desperdiçar sua vida lutando para obter coisas mais finas ou galgar degraus mais elevados na escada corporativa. Pode ser que Deus nos dê isso ou aquilo em nosso trabalho, mas nada tem importância em comparação a tê-lo (Jo 4.34). Amar a Deus dessa forma nos conduz a toda espécie de boas decisões sobre onde trabalhar e o que fazer com o dinheirinho e a influência que ganhamos ao longo do caminho.

4. Aspire confundir o mundo

"Rogo-vos, pois, irmãos, pelas misericórdias de Deus, que apresenteis o vosso corpo por sacrifício vivo, santo e agradável a Deus, que é o vosso culto racional" (Rm 12.1). Nossa vida — a vida inteira, inclusive nosso trabalho — é um ato de adoração. Como? "E não vos conformeis com este século, mas transformai-vos pela renovação da vossa mente" (Rm 12.2). Vamos trabalhar de modo a nos conformar com este mundo ou de modo a confundi-lo? Os seguidores de Jesus cheios do Espírito deverão ser distinta e notavelmente diferentes das pessoas que desconhecem e não amam nosso Senhor. Quando mudamos a realidade central de nossas vidas, outras coisas também mudam. Queremos que o mundo seja confuso o bastante quanto ao modo como vivemos, trabalhamos e gastamos, a ponto de indagar sobre nossa esperança em Cristo (1Pe 3.15).

5. Aspire prover para si mesmo e para sua família

Para a maioria de nós, isso acontece naturalmente. Todos nós precisamos comer, portanto todos precisamos trabalhar. Mesmo dentro da segurança e da generosidade da igreja, Paulo dizia: "Se alguém não quer trabalhar, também não coma" (2Ts 3.10). Deus fez um mundo no qual sobrevivemos ao contribuir para a sociedade de forma tangível e transacional. Vivemos pela fé e comemos pelo trabalho. A maior parte do mundo considera isso um dado normal, mas talvez algumas pessoas que amam a Deus e temem o dinheiro não vejam isso. Servimos a um Deus provedor (Lc 11.10-13; Tg 1.17), e refletimos seu amor quando provemos as pessoas que ele confiou a nós. Algumas práticas, como planejamento, preparar um orçamento e fazer economia, não são atos desprovidos de fé. Em verdade, essa espécie de gestão glorificará grandemente a Deus quando for feita em amor por ele e por nossa (futura) família.

É importante ressaltar que isso não dura para sempre, nem mesmo a questão financeira. Pais e mães têm de prover um ao outro e aos seus filhos de mil maneiras que não são pagas. Prover espiritual e emocionalmente pode até significar abrir mão de algum dinheiro ou de uma promoção, pelo menos por um tempo. A norma é prover os que são nossos, da melhor forma possível, com o propósito de apontá-los (e também a outros) para a provisão de Deus por nós em Jesus.

6. Aspire derramar-se para o próximo

Para a glória de Deus, devemos aspirar prover para nós mesmos, mas isso não termina aí. Deus tinha em mente muito mais para nosso dinheiro que simplesmente *nossa* alimentação, aluguel e gasolina. "Aquele que furtava não furte mais; antes, trabalhe, fazendo com as próprias mãos o que é bom, *para que tenha com que acudir ao necessitado*" (Ef 4.28). Paulo não disse "para não precisar roubar dos outros". Não, o trabalho piedoso não diz respeito apenas a mim. As carreiras verdadeiramente cristãs, em qualquer área, suprem as necessidades de outras pessoas. Aquela pessoa que ainda não casou frequentemente pode ser mais generosa porque, por enquanto, só paga as contas de um. A promessa que temos de Jesus é: "Mais bem-aventurado é dar do que receber" (At 20.35). De uma forma estúpida, procuramos a bênção quando a buscamos ganhando e a guardando de forma egoísta para nós mesmos. Mas Jesus *promete* que estaremos em melhores condições — realmente em melhores condições de vida — quando deixarmos de guardar para nós mesmos e entregarmos livremente aquilo que é nosso para o bem dos outros. Assim, devemos orar (e entrevistar, negociar e assinar contratos) com esse alvo em mente — compartilhar regular e radicalmente aquilo que temos e aquilo que ganhamos com as outras pessoas (1Tm 6.18).

7. Aspire construir e proteger a igreja

Deus salva o mundo utilizando sua igreja (Ef 3.10). É seu único meio de levar a mensagem do evangelho a todos os locais de trabalho e a todas as pessoas do mundo inteiro. Não existe um plano B, alguma estratégia ainda não descoberta que um dia possa substituir a igreja. A vitória por meio da igreja é certa (Mt 16.18), de modo que nenhum investimento verdadeiro nela será inútil. Todo o nosso trabalho deve contribuir para essa grande causa. A igreja é um corpo composto de muitos membros que dependem uns dos outros, como olhos, mãos e pernas (1Co 12.12-26). Se estivermos seguindo Jesus, *seremos* parte desse corpo. A questão é se seremos uma parte ativa e saudável. Se não for assim, a igreja vai sofrer. Faltarão os dons individuais que Deus deu para que possamos servir a ela. Pode ser ensino, aconselhamento, finanças, cumprimentar os visitantes, cozinhar, dirigir ou mil coisas mais. Precisamos descobrir como as nossas 100 mil horas de trabalho poderão servir melhor à igreja local.

De forma surpreendente, o maior trabalho da igreja não será, em última instância, realizado por pastores (os que foram chamados para o ministério como vocação), mas por leigos. Os pastores estão ali "com vistas ao *aperfeiçoamento dos santos*, para o desempenho do seu serviço, para a edificação do corpo de Cristo" (Ef 4.12). Os pastores equipam você e a mim para o ministério, e também para nos engajar na missão da igreja. Isso faz de todo aquele que ama Jesus sem ser vocacionado especificamente para o ministério alguém incrivelmente estratégico para o reino.

8. Aspire trabalhar por aquilo que permanece

Tenha em mente que esta vida é curta, e tudo que não for feito para Cristo será em vão. Desafie a noção enganosa de que você tem de construir e adquirir as coisas aqui. Jesus diz: "Não acumuleis para vós outros tesouros sobre a terra, onde a traça e a ferrugem corroem e onde ladrões escavam e roubam; mas ajuntai para vós outros tesouros no céu, onde traça nem ferrugem corrói, e onde ladrões não escavam, nem roubam" (Mt 6.19-20). Isso não significa necessariamente que tenhamos de fazer algo que seja explicitamente cristão. Isso significa que as coisas feitas por razões egoístas e pecaminosas não duram. Nós queremos que nossos investimentos de tempo, dinheiro, criatividade e talentos — com nossa vida e nosso trabalho como pessoas que ainda não casaram — durem para a eternidade, e eles vão *durar* se disserem ao mundo algo sobre nosso Deus.

100 MIL OPORTUNIDADES

Se esses oito passos forem os nossos objetivos, há 100 mil (e mais) boas maneiras de gastar nossas 100 mil horas, e a maioria não vai nos pagar para proclamar Cristo. O ministério vocacional cristão não é a única opção. De fato, para a maioria das pessoas, o ministério que mais valoriza Jesus talvez nem seja considerado "ministério". Talvez suas 100 mil horas supram as necessidades de ministérios estratégicos ou equipem você a servir a igreja de uma forma singular (em áreas técnicas, de comunicações, manutenção e outras); talvez ainda você se veja cercado de gente que ainda não crê, com as quais você pode compartilhar mais naturalmente o evangelho. Esteja aberto a um chamado específico de Deus em sua vida para um ministério vocacional, mas não pense que essa é a única opção para um ministério efetivo, fiel e frutífero. Quer estejamos em uma escrivaninha redigindo sermões, quer estejamos vendendo escrivaninhas, montando-as, colhendo a madeira ou criando os filhos do madeireiro para serem homens e mulheres piedosos, Deus usa aqueles que ainda não casaram de forma singular e poderosa para sua grande causa única no mundo.

CAPÍTULO 7
A PROCRASTINAÇÃO EM SEGUI-LO

Estar solteiro é uma desculpa horrível e popular para alguém permanecer no pecado. Em nossa busca pelo casamento, muitas vezes nos permitimos cair em modelos que impedem nosso crescimento e nossa maturidade. Estamos tão voltados a encontrar amor que nos distraímos em relação a matar o pecado. Porém, sempre somos ou *conformados* ao mundo à nossa volta, ou *transformados* em algo totalmente novo e diferente (Rm 12.1-2). Não há um terreno intermediário ocioso no qual possamos descansar por alguns anos enquanto esperamos aparecer uma esposa ou um marido. O fato de sermos solteiros pode tornar-se um desvio em nossa caminhada com Jesus. Começamos seguindo Cristo — no começo, fazemos muitas mudanças e, de repente, nos vemos andando em círculos. O carro ainda está se movendo, mas nós não estamos progredindo, e caímos repetidas vezes em alguns dos mesmos buracos. Costumamos nos distrair tanto — diante de tanta diversão e de tanto contentamento no mundo — que nos esquecemos para onde estamos indo.

Talvez a maior perda de quem ainda não casou seja a do crescimento em piedade, porque frequentemente procrastinamos sua busca, esperando até o casamento para nos tornar mais sérios. Ainda não temos a responsabilidade diária para com um cônjuge e uma família — pessoas suficientemente próximas que vejam a forma como realmente vivemos. De uma forma ingênua, acreditamos que encontrar amor vai, misteriosamente, fazer nosso crescimento e nossa maturidade deslancharem na vida. É verdade que o casamento frequentemente nos traz santificação, mas o testemunho da maioria é que consiste mais em um diagnóstico do que em uma prescrição na busca da piedade. Em vez de impulsionar os frutos do Espírito, é mais comum que revele (graciosamente) nossos defeitos. Na realidade, nenhum fruto do Espírito é reservado apenas ao casamento. Os frutos resultam da conversão (de nossa união com Cristo), e não do casamento (de nossa união com um cônjuge). Felizmente para aqueles que ainda não estão casados, a união mais importante não exige uma licença do juiz do cartório.

Paulo diz que a chave para experimentar essa liberdade que foi comprada para nós na cruz é andar cada vez mais como Jesus — abandonar os desvios e caminhar pela estrada principal do evangelho —, revestidos pelo poder do Espírito (Gl 5.16). Devemos nos desviar dos desejos da carne e trocá-los por desejos melhores — amor, alegria, paz, longanimidade, benignidade, bondade, fidelidade, mansidão e domínio próprio (Gl 5.22-23). A vida livre e plena é encontrada em Cristo e vivida à semelhança de Cristo.

NOVE MENTIRAS NA VIDA DE QUEM AINDA NÃO CASOU

Mas, nessa busca, nós deparamos com um inimigo — um *antijardineiro*. Satanás é o pai das mentiras (Jo 8.44) e o destruidor dos frutos espirituais. Suas mentiras são o meio mais efetivo de nos distrair, deixando-nos com fome do fruto que satisfaz a alma. São sinais mortais fora do lugar que nos mantêm rodopiando. Mentiras sobre você. Mentiras sobre seu passado. Mentiras sobre o casamento. Mentiras sobre seu futuro cônjuge. Mentiras a respeito de seus amigos e de sua família. Se não tomarmos cuidado quando somos solteiros, talvez nos encontremos muito mais tempo sozinhos para escutar essas mentiras. A seguir, estão nove enganos que aqueles que ainda não casaram precisam superar, cada um deles acompanhado de uma arma da Palavra de Deus — um mapa para que evitemos caminhos tortuosos.

> Mentira 1: Só sou egoísta porque ainda estou solteiro, e não tenho ninguém que cuide de minhas necessidades e de meus sentimentos.

Claro, o egoísmo pode ser igualmente tão desenfreado no casamento, e com certeza é mais visível, mas a vida de solteiro, por sua própria natureza, nos inclina a cultivá-lo. A cada dia, você aproveita ao máximo as decisões baseadas no que quer fazer e no que precisa fazer, e ninguém realmente reconhece a diferença. Porém, por mais atraentes que o egoísmo e a autogratificação possam parecer, o *amor* oferece uma promessa melhor. "Amados, amemo-nos uns aos outros, porque o amor procede de Deus; e todo aquele que ama é nascido de Deus e conhece a Deus" (1Jo 4.7). Esse Deus e esse amor estão disponíveis igualmente aos casados e aos que ainda não casaram.

> Mentira 2: Só estou ansioso porque ainda estou solteiro, e não sei se, um dia, Deus ainda vai me dar um cônjuge.

Pode haver ansiedades mais *intensas* entre os jovens de nossas igrejas do que seus desejos não realizados de casamento, mas talvez não haja uma ansiedade mais predominante. Os temores e a tristeza relacionados a amor, relacionamento e casamento roubam muito o sono e nossos esforços quando ainda somos solteiros. A preocupação e a autocompaixão em nossas inadequações nos prometem melhora, mas falta-lhes o poder de realmente ajudar. Mas Deus pode dar-nos a verdadeira *paz*: "Não andeis ansiosos de coisa alguma; em tudo, porém, sejam conhecidas, diante de Deus, as vossas petições, pela oração e pela súplica, com ações de graças. E a paz de Deus, que excede todo o entendimento, guardará o vosso coração e a vossa mente em Cristo Jesus" (Fp 4.6-7). Quer você conheça seu futuro cônjuge hoje à tarde, quer viva sozinho pelo resto da vida, Deus realmente pode lhe dar um descanso repleto de paz e perspectiva em todos os momentos ao longo do caminho — basta que você lhe peça isso.

> Mentira 3: Sou impaciente só porque ainda estou solteiro, e estou há muito tempo esperando casar

Amazon, Netflix e smartphones depreciam a *paciência*. A gratificação instantânea nos gratifica o suficiente para nos levar a esquecer quão valiosa e bela é a paciência. Deus promete, por meio de Paulo, "a vida eterna aos que, perseverando em fazer o bem, procuram glória, honra e incorruptibilidade" (Rm 2.7). Existem algumas coisas que só obtemos mediante a paciência. Glória. Honra. Imortalidade. Deus. Nenhuma tecnologia vai acelerar esse processo. E a força de que precisamos para esperar por Deus é desenvolvida em nossa espera por coisas menores, como, por exemplo, o casamento. Toda a nossa espera o valoriza se, *por meio dela*, obtivermos mais daquele por quem nossas almas estão realmente aguardando.

> Mentira 4: Não preciso me preocupar com as necessidades e os problemas de outras pessoas agora, pois ainda estou solteiro, e já tenho muita dificuldade para lidar com minhas próprias questões

Achar que temos direito a tudo é um dos grandes perigos de estar solteiro. Isso surge de todas as formas, mas seu cerne nos convence a nos concentrar exclusivamente em nós mesmos — uma espécie de mentalidade de sobrevivência —, muitas vezes à custa de outras pessoas. À medida que os sentimentos de ter direito a tudo e de se preocupar apenas consigo vão crescendo e invadindo nossos corações, tornamo-nos menos interessados e compassivos para com o próximo. Mas o fruto do Espírito, que dá vida, é a *bondade* — uma atitude de simpatia amigável e de generosidade. "Antes, sede uns para com os outros benignos, compassivos, perdoando-vos uns aos outros, como também Deus, em Cristo, vos perdoou" (Ef 4.32). A promessa bela e libertadora por trás de nossa bondade é a bondade de Deus para conosco em Cristo. Aqueles que se revestem de Cristo — e são agradáveis a ele — receberam a bondade de um Deus todo-poderoso e santo, a despeito do que mereciam.

> Mentira 5: Não estou tão desenvolvido em minha santidade porque não tenho quem me desafie. Vou me concentrar nessas coisas quando estiver casado e tiver uma família.

Uma desculpa para a procrastinação em nossa busca pela santidade é que os cristãos que ainda não casaram não são responsáveis da mesma forma que os crentes casados, como se, de algum modo, fôssemos menos humanos. Quando temos uma esposa ou um marido ou filhos que são afetados por nossas atitudes e comportamentos, então realmente importa saber quem somos e a forma como agimos. Quando homem e mulher se casam, tornam-se um, mas não mais *plenamente* um do que qualquer crente solteiro. Cada filho de Deus cheio do Espírito é responsável diante de Deus, independentemente de seu estado civil

(Rm 14.12). "Bem-aventurados os que têm fome e sede de justiça, porque serão fartos" (Mt 5.6). Bem-aventurado — "feliz" — é o homem solteiro (ou a mulher solteira) que ama e segue a *bondade*, a virtude e a integridade. E a bênção se segue imediatamente em sua busca ainda não perfeita por Deus quando você ainda não casou. No poder de Deus que opera em você, suplemente sua fé e sua condição de ainda estar solteiro com a bondade (2Pe 1.3-5).

> Mentira 6: Sou instável e não confiável só porque ainda estou solteiro; não se pode realmente esperar que as pessoas solteiras façam ou cumpram seus compromissos.

Na pior das hipóteses, alguns de nós realmente amam esse aspecto sobre a condição de estar solteiros. Aqueles que ainda não se acomodaram têm a liberdade de ir de uma coisa a outra, de abandonar antigas responsabilidades e obrigações para assumir coisas novas e renovadas. Pode ser um novo trabalho ou uma nova igreja, um relacionamento ou até mesmo uma cidade diferente. Algumas mudanças são boas e até mesmo necessárias, mas uma boa parte delas evidencia nossa recusa em assumir compromissos permanentes. Alguns adiam o casamento para evitar o compromisso e preservar seu sentimento de liberdade. Porém, por mais que se sintam livres por estarem descompromissados, a Bíblia nos ensina a amar a *fidelidade*, a dedicação e a constância em todas as fases da vida. "Portanto, meus amados irmãos, sede firmes, inabaláveis e sempre abundantes na obra do Senhor, sabendo que, no Senhor, o vosso trabalho não é vão" (1Co 15.58). Quando, para quem está de fora, parece não valer a pena, nós descansamos, trabalhamos e *permanecemos firmes*. Todo sacrifício desta vida por amor a Cristo jamais será em vão. No Espírito, contra todos os padrões adotados por aqueles que estão na casa de seus vinte anos, podemos pôr de lado o egoísmo e as ambições impulsivas, sendo vagarosos em nos afastar da obra de Deus, por mais difícil e humilde que ela seja.

> Mentira 7: Sou severo com os outros só porque ainda estou solteiro, e eles não entendem como as coisas são difíceis para mim

Nossas respostas quando nos ferem dizem muito a respeito do estado de nossos corações. Como reagir quando as pessoas entendem equivocadamente, quando nos desprezam ou nos diminuem diante da dor que temos por estar solteiros? Embora elas tenham boas intenções, frequentemente nos ofendem com seus conselhos, com suas perguntas ou com sua indiferença. Sentimo-nos justificados ao nos irar, e expressamos isso com uma palavra insensível ou sarcástica, ou em pensamentos violentos e amargos contra elas. Mas Deus recompensa a *mansidão* diante da ofensa.

Ele encoraja a nós e aos nossos líderes a suportar com paciência, "disciplinando com *mansidão* os que se opõem, na expectativa de que Deus lhes conceda não só o arrependimento para conhecerem plenamente a verdade" (2Tm 2.25). No final, é Deus quem corrige e direciona os corações.

Não fomos chamados para julgar uns aos outros, mas para nos revestir da graça e da bondade que Deus nos mostrou — graça e gentileza que emergem de Jesus pendurado na cruz por nossos pecados. Você pode até estar certo por se ofender, e deve falar ao irmão ou à irmã como isso o ofendeu, mas não vai resolver a ofensa com uma segunda ofensa. Deus nos chama para a mansidão e promete fazer a obra mais difícil da redenção ou da vingança em nosso favor.

> Mentira 8: Sou indisciplinado e continuo pecando só porque ainda estou solteiro. Sinto-me bem com essa liberdade e ninguém sabe, se importa ou é afetado por meu comportamento

Não existe vida mais *sem supervisão* do que a vida daquele que ainda não casou. É fácil vivermos louca e insensatamente quando vivemos isolados. Nossa carne quer que comamos mais disso, bebamos mais daquilo, compremos mais disso, assistamos mais àquilo. Nada disso é necessariamente ruim, mas, por fim, nossos desejos pecaminosos desenfreados vão nos conduzir a mais pecados e a mais idolatrias. Ter prazer em tudo que Deus criou, conforme Deus intentou, vai requerer *domínio próprio* — dizendo não o bastante para mostrar que nos alegramos nele mais do que em qualquer um de seus dons.

"Todo atleta em tudo se domina; aqueles, para alcançar uma coroa corruptível; nós, porém, a incorruptível" (1Co 9.25). Quando abandonamos comida, bebida, televisão, esportes, compras, as redes sociais ou *qualquer coisa* nesta vida para ter Cristo e sentir prazer nele, estamos dando mais um passo em direção a uma herança infinita, imperecível, guardada no céu para nós (Mt 6.20; 1Pe 1.4). O casamento pode nos oferecer a responsabilidade estreita e pessoal que talvez não tenhamos na condição de solteiros. O domínio próprio, porém, é fruto do Espírito, e não de um cônjuge. Volte-se para Deus por força, "porque *Deus* é quem efetua em vós tanto o querer como o realizar, segundo a sua boa vontade", e para você controlar a si mesmo (Fp 2.13).

Para muitos de vocês, especialmente os homens, mas também as mulheres, o pecado que fica empurrando com a barriga e postergando é o de lascívia sexual e pornografia.[6] Falta-lhe o autocontrole de não olhar ou clicar. Eu conheço a sedutora escravidão da pornografia de primeira mão, tendo lutado e perdido, vencido e sido derrotado, por todo o período do ensino médio e da faculdade. A pornografia devora tanto ou mais do terreno espiritual quanto qualquer outra ameaça à igreja atual. Por mais que pareça sem perigo ou de uso privado, não é. Ela como que nos anestesia, deixando-nos sonolentos. Mas não é sono; é morte. Parece uma soneca curta e confortável, mas nunca acordamos. A pornografia é retroalimentada por nossa sociedade, derramada de cada poro de nossa mídia e tecnologia.

Livros inteiros têm sido escritos sobre nossa luta contra a tentação e o pecado sexual. Eu tenho um capítulo inteiro

---

6 Para mais sobre a luta contra lascívia sexual e pornografia, leia meu artigo "Pornografia: nunca inofensiva, nunca privada, nunca segura", Voltemos ao Evangelho, https://voltemosaoevangelho.com/blog/2020/12/pornografia-nunca-inofensiva-nunca-privada-nunca-segura/.

sobre pureza sexual mais adiante neste livro. Porém, para mim, um dos momentos mais esclarecedores na jornada até a vitória foi reconhecer que não era *apenas* uma questão de autocontrole. Os frutos do Espírito não funcionam nem crescem desse jeito. Nossos desejos divididos por imagens ou vídeos sugerem que todos os frutos estão apodrecendo, e não somente o autocontrole. Nossa luta por pureza não é meramente uma luta por dominar a nós mesmos. É também a busca e a expressão por amor, paz, paciência, bondade, generosidade, fidelidade, mansidão e alegria. Quando nosso foco se volta à força de vontade e à autonegação, e negligenciamos o restante, roubamos de nós mesmos a maior parte das armas que Deus nos deu para a guerra. Não lute apenas por autocontrole. Lute por *alegria*. Aqueles que escolhem ver menos hoje verão mais para sempre (Mt 5.8).

Mentira 9: Estou deprimido e me sinto horrível só porque ainda estou solteiro, e realmente não serei feliz até casar

Qualquer realidade do tipo *"ainda não"* em nossas vidas vem acompanhada de dor e desejo. Ser solteiro quando isso não é o que desejamos pode ser algo muito solitário — e a solidão pode ser miserável. Nesses momentos, a mentira que realmente nos perturba é que o casamento será a solução que mais satisfaz. Lamentavelmente, procurar no casamento e em um cônjuge preencher o vazio que só Deus pode preencher só vai nos deixar ainda mais deprimidos e feridos. Deus, graciosamente, nos dá outra resposta à *alegria*

(Sl 16.11). Em Jesus — *o* caminho, *a* verdade, e *a* vida —, Deus nos mostrou os caminhos de vida e felicidade, e esse caminho não é aquele que percorremos entre os bancos da igreja, em nosso futuro casamento. É o casamento escandaloso de um Deus santo com sua Noiva pecadora, eleita e perdoada: a igreja. Jesus diz: "Tenho-vos dito estas coisas para que o meu gozo esteja em vós, e o vosso gozo seja completo" (Jo 15.11).

A semente de todo fruto do Espírito é uma alegria profunda, que perdura, de satisfação em Jesus. Carência de amor comunica que entesouramos mais a nós mesmos do que a Jesus e o povo que ele comprou por seu sangue, contentes por tê-lo, bem como seu plano paternal (e seu tempo certo), em nossas vidas. A impaciência diz que o Jesus que já temos não nos basta. A incapacidade de verbalizar isso não sugere que possamos crer que essa comida, essa compra ou esse site nos tornarão mais felizes do que Jesus. Mas a alegria real em Jesus, mediante o evangelho, nos libertará de todos os frutos venenosos e poderosos do pecado, substituindo-os por novas atitudes e novos hábitos cheios do Espírito.

CARPINDO O JARDIM DE DEUS EM VOCÊ

Se quisermos que o fruto do Espírito cresça em nós — frutos mais polpudos, maduros e deliciosos —, temos de carpir o jardim. Onde quer que o fruto não esteja crescendo (e, com frequência, mesmo onde está), o pecado entra, brota rápida e silenciosamente, e, em pouco tempo, toma conta de tudo, envenenando qualquer fruto existente e evitando que mais frutos se desenvolvam. Minha esposa e eu temos dois canteiros em nosso quintal, provavelmente de um metro por um metro e meio, cheios de terra fértil. Parece que os proprietários anteriores de nossa casa fizeram os canteiros para cultivar hortaliças e ervas. Parece também que não tiveram muito êxito nessa missão. Quando compramos a casa, eram dois parques de diversão para as ervas daninhas, sendo a principal atração uma espécie de repolho mutante. No primeiro verão, nós o ignoramos e apenas cortamos a grama em volta dos quadrados. Um ou dois meses depois, as plantas estavam altas, com cerca de um metro/um metro e meio de altura, muito acima do restante de nosso gramado decentemente aparado.

Alguns de nós têm permitido que os pecados cresçam nos cantos de nossas vidas. Construímos caixinhas em volta deles para que não se espalhem mais. Fazemos planos para o que faremos a esse respeito na próxima primavera ou talvez no ano seguinte. Encontramos mil outras coisas que nos mantêm ocupados, e tomamos muito cuidado com o resto de nossa vida, a cada semana aparando a grama para nos certificar de que o quintal esteja bonito para as visitas verem. Mas o pecado não vai ficar numa caixa ou numa gaiola em um canto. Qualquer pecado que permitimos continuar em nossas vidas vai se espalhar rápida e silenciosamente, como um vírus, em todas as demais áreas do coração e dos relacionamentos. O que está em jogo é a eternidade, e Jesus nos recebe de braços abertos — braços pregados à cruz *por* nosso pecado —, de modo que não podemos esperar mais um ano, um mês ou uma semana para atacar a raiz dos pecados que nos prendem. Temos de tomar de supetão o canteiro hoje, invadindo e conquistando com graça toda erva daninha.

Siga os frutos do Espírito para chegar à raiz de seu pecado, quaisquer que sejam os pecados que perturbam você, e encontre a vitória enquanto ainda estiver solteiro. Isso o preparará para namorar bem agora e servirá ao seu futuro casamento e ao seu ministério de uma forma que, hoje, você não consegue nem mesmo compreender. Recuse-se a procrastinar matar seu pecado, e corra atrás daquele que quer fazer de você alguém totalmente novo.

CAPÍTULO 8
O MAIS IMPORTANTE PASSO SECRETO

Pode haver mil e uma maneiras de aplicar aquilo que você leu até aqui, porém o passo mais importante é orar. Deus quer que nossas vidas — quer estejamos casados, quer estejamos solteiros; quer sejamos estudantes, quer sejamos empregados remunerados; quer sejamos jovens, quer sejamos velhos — corram no poder da oração. A oração alimenta a máquina de nosso coração e de nossa mente. Não é café, ou fast-food, ou o barulho das redes sociais; é a oração. Precisamos de Deus em e por meio da oração mais do que necessitamos de qualquer outra coisa. Não faremos nada que tenha valor real ou duradouro sem Deus, o que significa que não faremos nada que tenha valor real ou duradouro sem a oração. No entanto, talvez você se sinta tão inseguro quanto à sua vida de oração quanto em relação a qualquer outra coisa. Sabemos que precisamos orar, mas também sabemos que não oramos o suficiente. Nem sempre temos a certeza de estar fazendo o certo quando estamos orando. Será que devo pedir isso a Deus? Será que eu *ainda* deveria estar pedindo isso a Deus? Será que realmente sei do que preciso?

Com frequência, deixamos de orar porque isso nos deixa desconfortáveis, e não vemos necessariamente resultados imediatos. Mas a Bíblia é bastante clara: a oração não é um simples acompanhamento para os seguidores de Jesus. É a própria fornalha. Deus intenta que todas as outras partes de nossas vidas sejam preparadas e refinadas por meio da oração.

- Como podemos ver e compreender mais de Deus e de sua vontade em relação a nós? "Por essa razão, também nós, desde o dia em que o ouvimos, não cessamos de *orar* por vós e de pedir que transbordeis de pleno conhecimento da sua vontade, em toda a sabedoria e entendimento espiritual" (Cl 1.9). Sabedoria e entendimento espiritual — maior compreensão de Deus e de seu plano para nós — são a contrapartida da oração.
- Como podemos nos lembrar de que Deus é nosso maior tesouro, o único que nos torna realmente felizes? *Oramos:* "Quem mais tenho eu no céu? Não há outro em quem eu me compraza na terra. Ainda que a minha carne e o meu coração desfaleçam, Deus é a fortaleza do meu coração e a minha herança para sempre" (Sl 73.25-26).
- Onde podemos encontrar esperança e força para cumprir a missão que Jesus nos deu no mundo? "*Suplicai*, ao mesmo tempo, também por nós" (Cl 4.3).

Podemos falar, mas é Deus quem faz a obra verdadeira, correndo à nossa frente para abrir as portas para o evangelho.

* Como podemos nos guardar de todas as distrações que nos cercam? Mantemo-nos acordados espiritualmente por meio da oração: "Com toda oração e súplica, *orando em todo tempo* no Espírito e para isto vigiando com toda perseverança e súplica por todos os santos" (Ef 6.18).
* Como podemos perseverar em meio às mais profundas dores e decepções? "Está alguém entre vós sofrendo? Faça *oração*" (Tg 5.13). E como devemos viver juntos em comunidade como crentes? Os da igreja primitiva "perseveravam na doutrina dos apóstolos e na comunhão, no partir do pão e *nas orações*" (At 2.42).
* Como podemos evitar nos afastar de nossa fé e de nossa missão quando entramos no trabalho? "Não andeis ansiosos de *coisa alguma*; *em tudo*, porém, sejam conhecidas, diante de Deus, as vossas petições, *pela oração e pela súplica*, com ações de graças" (Fp 4.6). Não somente na hora das refeições, mas antes da próxima reunião da empresa. Não apenas durante o devocional da manhã, mas também em nosso próximo plantão. Não só durante o culto do domingo, mas quando lavamos roupas na terça-feira. Antes de ir para o trabalho, enquanto trabalhamos, depois do trabalho, devemos levar tudo e qualquer assunto a Deus em oração.

- Que esperança temos de vencer nossos pecados e experimentar transformação e crescimento verdadeiros? "Por isso, também não cessamos de *orar* por vós, para que o nosso Deus vos torne dignos da sua vocação e cumpra com poder todo propósito de bondade e obra de fé" (2Ts 1.11). Trazemos o desejo, a decisão e a fé, mas é Deus quem nos traz o poder. Nós o convidamos para continuar a obra em nós, com todo o seu amor, poder e criatividade, por meio da oração.

Estar solteiro pode ser um tempo longo, solitário e confuso, especialmente quando isso não é desejado. Havia momentos em minha vida, durante praticamente todo a casa de meus vinte anos, em que eu achava que tinha *nascido* querendo me casar. No passar dos anos de espera, de querer, de indagar por que isso ainda não havia acontecido, aprendi que Deus não garante qualquer experiência humana para seus filhos — saúde física, casamento, sucesso no trabalho, filhos. Isso porque ele está total e implacavelmente dedicado a dar a seus preciosos filhos e filhas aquilo que é melhor para eles, *quando* for melhor para eles — e somente *se* for melhor. Nunca de outro jeito (Rm 8.28). Não importa quão bom seja o dom, ou quanto o desejamos, ou quanto tempo temos esperado por ele, Deus não abandonará o bem maior que nos prometeu (2Co 12.7-10).

Seremos tentados a abandoná-lo, a desistir de seu plano para nós. Realmente nos convencemos de que sabemos mais, de que podemos escolher melhor para nós mesmos que o próprio Deus — esse mesmo Deus que veio e morreu a um custo infinito para nos salvar. Mas nós não conseguimos nem podemos fazer isso. Começamos a nos sentir negligenciados ou esquecidos, a duvidar do amor de Deus por nós, desejando nos distanciar dele, quando deveríamos estar correndo para ele. Em vez de nos afastar, realmente precisamos nos ajoelhar e orar. Se você ainda não souber como começar em oração — como começar a conversar com Deus diariamente, ou como entregar a ele seus desejos e experiências —, seguem-se nove orações para quem ainda não casou, cada qual com as palavras de Deus para ajudar a formatar nosso anseio e nossa espera.

1. Não se faça a minha vontade, e sim a tua.

> Jesus, por sua vez, se afastou, cerca de um tiro de pedra, e, de joelhos, orava, dizendo: Pai, se queres, passa de mim este cálice; contudo, não se faça a minha vontade, e sim a tua. (Lc 22.41-42)

"Não se faça a minha vontade, e sim a tua." Pai celeste, essas palavras e a fé foram suficientes para levar Jesus até a cruz por amor a mim; isso também deve ser suficiente para me levar, por amor a ele, através de qualquer coisa nesta vida. Prepara-me a dar o máximo, quer eu esteja casado, quer permaneça solteiro, que aconteça aquilo que o Senhor tiver escolhido e planejado para mim! Se não for tua vontade que eu me case, ajuda-me a ver tudo que tens planejado para mim —

meus dons, meu ministério, meu estado de solteiro. De qualquer modo, ancora firmemente meu coração em ti.

2. Revela-me quanto do Senhor for possível que eu conheça enquanto ainda estou solteiro.

> "[...] não cesso de dar graças por vós, fazendo menção de vós nas minhas orações, para que o Deus de nosso Senhor Jesus Cristo, o Pai da glória, vos conceda espírito de sabedoria e de revelação no pleno conhecimento dele, iluminados os olhos do vosso coração, para saberdes qual é a esperança do seu chamamento, qual a riqueza da glória da sua herança nos santos e qual a suprema grandeza do seu poder para com os que cremos, segundo a eficácia da força do seu poder." (Ef 1.16-19)

Pai, mostra-me mais de ti e molda minha vida para que eu revele a tua glória. Enquanto caminho no mar turbulento da vida de estar solteiro, acalma minha fé em ti e fixa meus olhos em ti, aquele que permanece firme e é confiável acima de tudo. Revela quanto tu és maior e mais belo do que o casamento, ou de qualquer outro sonho ou desejo que eu possa ter.

3. Satisfaz-me plenamente, para que eu jamais procure outra pessoa para me fazer feliz.

> "Sacia-nos de manhã com a tua benignidade, para que cantemos de júbilo e nos alegremos todos os nossos dias." (Sl 90.14)

Tu, Senhor, és o único que realmente pode me fazer feliz. Nenhum cônjuge, nenhum amigo, nenhum trabalho, nenhuma quantia poderia preencher o vazio em mim que foi feito para ti. Tu és mais que suficiente para mim, mas meu coração ainda está propenso a vaguear. Ordena meus amores de acordo com teu valor e tua beleza, que ultrapassam tudo o mais, e guarda meus olhos e minha mente de ficar preocupado com outra pessoa ou coisa senão contigo. Cativa novamente meu coração, guardando-o em lugar seguro contra todas as mentiras de Satanás.

4. Fala ao mundo sobre ti por meio de minha alegria e liberdade em ser solteiro

"Ninguém despreze a tua mocidade; pelo contrário, torna-te padrão dos fiéis, na palavra, no procedimento, no amor, na fé, na pureza." (1Tm 4.12)

Pai, usa a mim e meus dons para engrandecer o teu nome no mundo. Quero que minha vida conte para a missão que nos tens dado. Quero que conte hoje, mesmo enquanto sou jovem e estou solteiro. Enche-me de ambição, criatividade e altruísmo por amor de tua glória.

5. Dá-me fé para confiar em ti mesmo quando ando sozinho no meio da dor e dos desapontamentos.

"E, para que não me ensoberbecesse com a grandeza das revelações, foi-me posto um espinho na carne, mensageiro de Satanás, para me esbofetear, a fim de que não me exalte. Por causa disto, três vezes pedi ao Senhor que o afastasse de mim. Então, ele me disse: A minha graça te basta, porque o poder se aperfeiçoa na fraqueza. De boa vontade, pois, mais me gloriarei nas fraquezas, para que sobre mim repouse o poder de Cristo." (2Co 12.7-9)

Ajuda-me, Senhor, a ver toda perda ou desapontamento, todo momento de solidão, todo sonho ou desejo não realizado e toda evidência de fraqueza como oportunidades para lembrar e aproveitar a força, a esperança e o descanso que compraste para mim com o sangue de teu Filho. Lembra-me de que tu estás trabalhando com tudo isso, em cada centímetro, de todo modo, para o meu bem.

6. Manda-me as pessoas que preciso para seguir a ti.

"E ele mesmo concedeu uns para apóstolos, outros para profetas, outros para evangelistas e outros para pastores e mestres, com vistas ao aperfeiçoamento dos santos para o desempenho do seu serviço, para a edificação do corpo de Cristo, até que todos cheguemos à unidade da fé e do pleno conhecimento do Filho de Deus, à perfeita varonilidade, à medida da estatura da plenitude de Cristo, para que não mais sejamos como meninos, agitados de um lado para outro e levados ao redor por todo vento de doutrina, pela artimanha dos homens, pela astúcia com que induzem ao erro. Mas, seguindo a verdade em amor, cresçamos em tudo naquele que é a cabeça, Cristo, de quem todo o corpo, bem ajustado e consolidado pelo auxílio de toda junta, segundo a justa cooperação de cada parte, efetua o seu próprio aumento para a edificação de si mesmo em amor." (Ef 4.11-16)

Cerca-me de pessoas que me amam e que amem a ti, Pai, mais do que me amam, especialmente enquanto eu vivo sozinho. Revele as coisas sobre mim por meio dos olhos deles, por sua fé e maturidade, e pelas suas palavras. Torna-me um membro mais saudável e mais efetivo da igreja local. Dá-me o desejo profundo, que perdure e que cresça, de servir a ela naquilo que eu puder. Resgata-me da cegueira e do autocentrismo do isolamento.

7. Proteja-me de fazer do meu trabalho um deus enquanto espero pelo casamento.

"Tudo quanto fizerdes, fazei-o de todo o coração, como para o Senhor e não para homens, cientes de que recebereis do Senhor a recompensa da herança. A Cristo, o Senhor, é que estais servindo." (Cl 3.23-24)

Ajuda-me a ver qualquer sucesso ou progresso como evidência de tua graça, Senhor, e me livra do amor ao dinheiro ou à aprovação humana. Liberta-me da tirania da lista do que tenho de fazer hoje, para que eu receba cada tarefa, cada reunião, cada incumbência e cada projeto como um ato de adoração.

8. Guarda-me de me conformar ao mundo a meu redor, e torna-me mais como Jesus.

> "E também faço esta oração: que o vosso amor aumente mais e mais em pleno conhecimento e toda a percepção, para aprovardes as coisas excelentes e serdes sinceros e inculpáveis para o Dia de Cristo, cheios do fruto de justiça, o qual é mediante Jesus Cristo, para a glória e louvor de Deus." (Fp 1.9-11)

Completa a obra que começaste em mim e por meio de mim, Pai, fazendo-me, a cada dia, um pouco mais semelhante a Jesus. Impede-me de fazer qualquer coisa que desvalorize sua morte. Equipa-me a pensar, falar e agir cada vez mais como alguém que foi salvo por altíssimo preço infinito, alguém a quem foi confiada a maior boa-nova que o mundo pode conhecer.

9. Se me tiveres chamado ao casamento, ajuda-me a namorar de uma forma diferente.

> "Nada façais por partidarismo ou vanglória, mas por humildade, considerando cada um os outros superiores a si mesmo. Não tenha cada um em vista o que é propriamente seu, senão também cada qual o que é dos outros. Tende em vós o mesmo sentimento que houve também em Cristo Jesus, pois ele, subsistindo em forma de Deus, não julgou como usurpação o ser igual a Deus; antes, a si mesmo se esvaziou, assumindo a forma de servo, tornando-se em

semelhança de homens; e, reconhecido em figura humana, a si mesmo se humilhou, tornando-se obediente até à morte e morte de cruz." (Fp 2.3-8).

Se quiseres que eu case, Pai, prepara-me para amar um esposo ou uma esposa com o amor e a graça que tu me mostras por meio de Jesus e de sua cruz. Dá-me clareza no namoro, e guarda-me de toda impureza. Que a paciência, o altruísmo e a humildade marquem o relacionamento como um todo — todo encontro, toda conversa, cada passo para frente ou para trás. Em cada passo de minha busca pelo casamento, torna claro que tu és Deus e que eu sou teu.

Pode parecer que todas as coisas mais importantes acontecem quando outras pessoas estão por perto e olhando, mas Jesus diz que o passo mais importante acontece quando estamos sozinhos. "Tu, porém, quando orares, entra no teu quarto e, fechada a porta, orarás a teu Pai, que está em segredo; e teu Pai, que vê em segredo, te recompensará" (Mt 6.6). Você está pronto para tomar o passo que ninguém vai ver? Confiará em Deus para vir a seu encontro e recompensá-lo com mais dele mesmo? Não podemos permitir que a oração esteja na berlinda de nossas prioridades. Temos de inundar nossas prioridades todas pela oração. Nossa espera e nosso anseio devem ser formados e preenchidos pela oração. Nossa busca por propósito e direção enquanto estamos solteiros deve ter início pela oração. Nossa procura por alegria deverá ser uma jornada de oração.

PARTE 2
QUANDO OS AINDA NÃO CASADOS SE ENCONTRAM

CAPÍTULO 9

NAMORAR PARA MAIS DO QUE CASAR

Namorar já era. É isso que a mídia diz. Meninas, parem de esperar que os rapazes façam qualquer tentativa formal de conquistar seu afeto. Não fiquem aí paradas, esperando que algum rapaz a priorize, comunique suas intenções ou mesmo telefone para você. Exclusividade e intencionalidade são rituais antigos, coisas do passado, anseios perdidos.

Desculpe, mas discordo. Discordo não porque pense que essa nova linha de pensamento não represente a realidade de hoje em dia ou que não seja uma tendência atual e corrupta de nossa cultura. Discordo porque isso está simplesmente errado. Uma de nossas buscas mais preciosas, a de um parceiro para toda a vida, está sendo tragicamente relegada a mensagens, fotos e avaliações no Tinder, a flertes ambíguos e toda essas brincadeiras inapropriadas. Isso está errado.

Existe um Deus. Esse Deus criou o mundo e reina sobre ele, inclusive sobre os homens, as mulheres e os impulsos biológicos que os unem, bem como sobre a instituição que declara sua união e a mantém sagrada e segura. Desse modo, somente ele pode prescrever o propósito, os parâmetros e os meios para os nossos casamentos. Se a plenitude da vida pudesse ser encontrada nos estímulos sexuais, ou se fosse apenas uma questão de fazer bebês, dizer "esqueça-se do formalismo e simplesmente faça sexo" poderia até satisfazer temporariamente os anseios e levar a um bom número de concepções. Mas, em relação ao romance, Deus tem em mente muito mais do que orgasmos ou procriação, e nós devemos pensar conforme Deus. Embora as pessoas esperem cada vez menos umas das outras no namoro, Deus não pensa assim. Assim, entre aqueles que ainda não casaram, é preciso trabalhar ainda mais nos relacionamentos, com o propósito de preservar o que o casamento deve demonstrar e oferecer.

MÃE, DE ONDE VÊM OS CASAMENTOS?

Eu tive a primeira namorada na sexta série, meu primeiro beijo naquele mesmo verão (com outra menina) e, então, uma nova namorada de verdade praticamente a cada ano durante todo o ensino médio. Desde muito jovem, eu buscava afeto, segurança e intimidade com as garotas em vez de procurar tudo isso em Deus. Comecei a namorar mais cedo do que a maioria dos rapazes. Meus anos de adolescência foram uma longa fileira de relacionamentos sérios demais para a nossa idade, duraram tempo demais e, portanto, se encerraram com muita dor. Eu dizia "Amo você" muito rápido e com bastante frequência. Minha "solteirice" tornou-se rapidamente um lembrete, em toda a casa dos meus vinte anos, de que eu havia errado, e que perdera oportunidades ou deixara de fazer o que era certo.

Talvez namorar também tenha sido difícil para você, por essas e por outras razões. Talvez o Sr. (ou a Sra.) Pessoa Certa tenha começado a se parecer com o Sr. (ou a Sra.) Lenda. Talvez você tenha desejado o relacionamento ou gostado do cara (ou da garota) e nunca tenha tido a chance. Talvez todas as sugestões e todos os conselhos que você recebeu tenham se tornado uma confusão de bem-intencionadas contradições e ambiguidades. Isso é o bastante para deixá-lo como um garoto de oito anos que pergunta: "Mãe, de onde vêm os casamentos?".

A visão do casamento que vemos na Palavra de Deus — uma exibição bela e radical do amor infinito e perseverante de Deus pelos pecadores — faz com que valha a pena namorar — e namorar bem. A abordagem do mundo pode prover divertimento, sexo e filhos, e eventualmente até mesmo algum nível de compromisso e estabilidade, mas não consegue conduzir a Jesus, aquele que nos dá a vida e a quem nossos casamentos devem refletir. Amigos que desfrutam o sexo "sem compromisso" podem até encontrar prazer, mas não o ápice que se encontra após as promessas mútuas. A felicidade no casamento não é somente física — nem esse é o principal fator. Com o sexo, deve haver um profundo senso de segurança, um senso de ser amado e aceito por quem você é, com o desejo de agradar sem ter a necessidade de impressionar. Quando Deus projetou a ligação sexual entre um homem e uma mulher, criou algo que satisfaz muito mais do que o ato em si.

Aqueles que, afoitos, entregam-se a uma vida amorosa na fase de namoro sem realmente amar, que têm encontros românticos sem Cristo e sem compromisso, estão se contentando com muito pouco. Estão se contentando com menos do que Deus planejou para eles e menos do que possibilitou ao enviar seu Filho para nos resgatar e dar um novo propósito para algo maior às nossas vidas, inclusive à nossa vida amorosa. Mais felicidade. Mais segurança. Mais propósito. Esse "mais" se encontra na fé mútua em Jesus, em segui-lo. Com esse "mais", podemos dizer ao mundo que nos observa que não se acomode à lealdade, ao afeto, à segurança e à experimentação sexual artificial e rasa, pois Deus planeja e promete muito mais por meio da união cristã.

ENTÃO, COMO DEVEMOS NAMORAR?

No caso daqueles, como eu, cujo caminho está marcado mais por erros do que por altruísmo, paciência e bom senso, esses devem ter esperança em Deus, aquele que, verdadeira e misteriosamente, abençoa nossos caminhos tortuosos e nos redime deles, concedendo-nos a oportunidade, hoje, de uma nova busca por casamento — uma busca pura, sábia e piedosa. A seguir, enumero alguns princípios para casamentos que ainda não aconteceram. Não é uma lista detalhada ou exaustiva; são simplesmente algumas lições que aprendi e espero que sirvam de bênção para você, para seu namorado ou sua namorada, e para seu futuro cônjuge.

1. Saiba o que torna o casamento algo que vale a pena.

Nos piores momentos, nossos objetivos são pequenos e mal direcionados Não queremos mais estar sozinhos nas noites de sexta-feira. Queremos postar fotos quase espontâneas, com molduras artísticas, com alguém em uma ponte. Queremos um meio sem culpa de aproveitar o sexo. Queremos alguém que nos diga que somos bonitos, engraçados e espertos, e que somos bons no trabalho que fazemos. Mas, se o casamento nos oferecesse só isso, realmente não haveria valor nele. Muitos talvez tentem negar, mas as estatísticas em relação ao divórcio são suficientes para garantir que o matrimônio exige mais de nós do que imaginávamos no dia em que casamos. Meus amigos casados, em sua maioria, diriam que o que aparentava ser divertido, belo e indissolúvel no altar não parecia mais tão claro ou fácil poucos dias depois de uma vida conjunta. Ainda é intensamente bom e belo, mas muito custoso — custoso demais para objetivos pequenos.

Antes de começarmos a namorar, temos de desenvolver uma visão sobre o que torna o casamento algo que valha a pena. Em primeiro lugar, por que realmente queremos casar? Vamos trazer essa resposta de forma mais completa no capítulo 11, mas é importante que cada um de nós dê essa resposta sozinho antes de começar a namorar. Vale a pena casar porque vocês obtêm a *Deus* através do compromisso recíproco por toda a vida. O casamento é sobre conhecer Deus, adorar a Deus, depender de Deus, revelar Deus e ser feito à imagem de Deus. Deus fez o homem e a mulher *segundo sua imagem* e os uniu, atribuindo-lhes responsabilidades singulares, em sua união falha, mas bela. O que torna valioso o casamento é que você, seu cônjuge e aqueles que estão à sua volta enxergam mais a respeito de Deus e de seu amor em Jesus. Se você não estiver experimentando isso com seu namorado ou sua namorada, rompa o relacionamento.

Se essa não for nossa prioridade, precisaremos de um novo plano e, provavelmente, de uma nova ficha de resultados para nosso próximo princípio importante.

2. Realmente é tão simples quanto dizem.

Numa época em que as pessoas estão casando cada vez mais tarde, e cada vez mais procuram encontrar seu par nas redes sociais, talvez precisemos ser lembrados de que o casamento diz respeito menos a compatibilidade e mais a compromisso. Afinal de contas, nunca houve um relacionamento menos compatível do que um Deus santo e sua Noiva pecadora, e esse é o modelo que procuramos em nossos casamentos. Existe uma razão para a Bíblia não ter um livro dedicado a como escolher um cônjuge. Não se trata de uma omissão da parte de Deus para a história como um todo, como se ele não pudesse ver como seria no século XXI. As qualificações são maravilhosamente claras e simples: (1) Ambos têm de crer no mesmo Deus: "Não vos ponhais em jugo desigual com os incrédulos" (2Co 6.14); (2) Ambos têm de ser do sexo oposto: "Por isso, deixa o *homem* pai e mãe, e se une à sua *mulher*, tornando-se os dois uma só carne" (Gn 2.24, veja também Mt 19.4-6; Ef 5.24-32).

Ora, obviamente, existe muito mais envolvido no discernimento enquanto se namora. Além das questões que envolvem atração e química, que não são insignificantes, a Bíblia estrutura alguns papéis para os cônjuges. O homem deve proteger e prover sua esposa (Ef 5.25-29). A mulher deve ajudar e submeter-se a seu esposo (Gn 2.18; Ef 5.22-24). Os pais devem conduzir suas famílias segundo a Palavra de Deus (Ef 6.4). Os pais têm de amar e criar os filhos na fé (Dt 6.7). Assim, reconhecidamente, estamos procurando mais que uma pessoa atraente do sexo oposto que "ame Jesus".

Dito isso, muitos de nós precisamos ser lembrados de que a pessoa perfeita que Deus tem para cada um de nós não é assim tão perfeita. Toda pessoa que casa é pecadora. Assim, a busca por um cônjuge não implica a busca por perfeição, mas uma busca mútua e imperfeita por Jesus. É uma tentativa cheia de fé de nos tornar como ele e de torná-lo conhecido. Independentemente do crente com quem você casa, logo descobrirá que não é assim tão "compatível" quanto achava antes, mas, com esperança, você se maravilhará mais com o amor de Deus por vocês em Jesus e com o privilégio de viver juntos nesse amor, especialmente à luz de suas diferenças e de seus desajustes.

3. Procure mais clareza do que intimidade.

O maior perigo do namoro é entregar partes de nossos corações e de nossas vidas a alguém com quem não estamos casados. Esse é um risco significativo, e muitos homens e mulheres têm feridas profundas e duradouras por causa de relacionamentos assim, pois o casal usufruiu de proximidade física ou emocional sem ter um compromisso duradouro e consistente. A intimidade barata e momentânea parece real, mas você só recebe aquilo que paga.

Enquanto o grande prêmio no *casamento* é a intimidade centrada em Cristo, o grande prêmio no *namoro* é a clareza centrada em Cristo. A intimidade é mais segura no contexto do casamento, e o casamento é mais seguro no contexto da transparência. O propósito de nosso namoro é determinar se ambos devem casar, de modo que devemos direcionar nossos esforços nesse sentido. Em nossa busca por clareza, sem dúvida desenvolveremos alguma intimidade, mas não devemos fazer isso rápido demais ou de forma ingênua. Sejam intencionais e falem claramente um com o outro sobre como, na condição de cristãos, a intimidade antes do casamento é perigosa, enquanto a transparência é incrivelmente preciosa. Falaremos mais a respeito da busca por clareza no namoro no capítulo 12.

4. Espere para namorar quando você tiver condições de casar.

Se todo o nosso namoro deve visar ao casamento, por que tantos de nós namoram antes de poder casar?[7] Por que eu tive uma namorada aos 12 anos (e aos 13, 14 e 15 anos, e daí em diante)? Aos 12 anos, tenho certeza de que eu

---

7 Quando os jovens devem começar a namorar? Abordo essa questão em meu artigo "Espere para namorar até poder casar", Voltemos ao Evangelho. Disponível em: https://voltemosaoevangelho.com/blog/2020/12/espere-para-namorar-ate-poder-casar.

acreditava que poderia casar com minha namorada, ainda que não tivesse condições de fazê-lo por oito anos ou mesmo por dez anos mais. Pense nisso. Se tivéssemos decidido nos casar na época de nossa formatura na faculdade, teríamos esperado *dez anos*, desde que estivéssemos buscando por isso. Se formos sinceros, não buscamos o casamento quando somos adolescentes. Buscamos atenção, afeto, significado e segurança. Buscamos e priorizamos essas coisas acima de Deus e do casamento (de início, sutilmente, mas, depois, com mais ousadia). Damos boas-vindas ao caos, à confusão, ao sofrimento e à tentação de namorar quando ainda não podemos casar, quando não podemos levar o namoro até seu objetivo bom e pretendido.

Alguns entre nós nascem querendo casar, mas ninguém nasce pronto para o casamento. Legalmente, nos Estados Unidos, não podemos casar antes dos 18 anos, exceto em Nebraska e no Mississippi, lugares nos quais precisamos ter uma idade ainda maior (19 e 21 anos, respectivamente). Além da lei, existem perguntas sérias sobre nossa maturidade e nossa estabilidade. Nosso namorado (ou nossa namorada) tem maturidade suficiente para saber como será como esposo ou esposa pelos próximos cinquenta anos? E quanto a nós? Um de nós ou ambos seremos capazes de prover financeiramente uma família? Sua fé em Jesus foi suficientemente provada pelas dificuldades a ponto de você ter confiança em sua autenticidade? Alguns vão odiar esse conselho — tenho certeza de que eu detestaria —, mas todos precisamos reconhecer que podemos namorar por um bom tempo antes da possibilidade de casar. Isso não significa que tenhamos de fazer isso. É praticamente impossível namorar com vistas ao casamento se essa pretensão nem está em seu radar. Talvez você já esteja sonhando com o casamento, mas é viável vocês dois casarem logo? Provavelmente, não antes de terminar a faculdade. Se eu pudesse voltar no tempo e fazer tudo de novo (queria que isso fosse possível), eu esperaria para namorar somente quando pudesse casar. Meu conselho — você pode aceitá-lo ou rejeitá-lo — é que você espere até que possa casar com ele ou com ela nos próximos dezoito meses. Isso não quer dizer que você seja *obrigado* a casar no prazo de dezoito meses. Não significa que tenha de casar tão depressa assim. A parte importante é que *poderia*, se Deus deixasse claro ser essa sua vontade e seu tempo certo.

5. Encontre um noivo ou uma noiva na linha de frente.

Em vez de fazer do casamento sua missão, faça com que seu objetivo seja a causa global de Deus e o avanço do evangelho, e procure alguém que tenha em mente o mesmo alvo. Se você espera casar com alguém que ame apaixonadamente Jesus e deseja torná-lo conhecido, provavelmente será melhor inserir-se em uma comunidade de pessoas com o mesmo comprometimento. Participe de um pequeno grupo, não apenas de um grupo de cristãos solteiros, mas de um grupo ativo em participar de missões, ligado a um ministério em sua igreja que esteja envolvido com os perdidos na comunidade local. Tenha como foco a colheita e, certamente, você encontrará alguém que o ajude.

Isso não quer dizer que devemos servir *porque* talvez ali vamos encontrar o amor. Em última instância, Deus não é honrado com essa espécie de autosserviço. Não, significa simplesmente que, se estivermos em busca de determinado tipo de pessoa, existem bons lugares, seguros e visíveis, em que tais pessoas vivem, servem e adoram em conjunto. Envolva-se em uma comunidade desse tipo, servindo uns aos outros e procurando as portas que Deus abre para o namoro.

6. Não permita que sua mente case com ele ou com ela antes que o resto de você possa casar.

Embora isso pareça muito mais comum entre as mulheres, eu fui solteiro por tempo suficiente e conhecia muitos rapazes solteiros para saber que esse não é um problema exclusivamente feminino. A trajetória de todo romance genuinamente cristão deve ser o casamento, de modo que não nos deve surpreender o fato de nossos sonhos e expectativas — nossos corações — correrem na frente de tudo o mais. Simplesmente não é tão difícil imaginar como seriam nossos filhos, ou onde gostaríamos de passar as férias, ou como os feriados em família funcionariam, ou que tipo de casa queremos comprar. Assim como o sexo, todas essas coisas podem ser realmente boas, seguras e belas, mas no contexto de um pacto. Satanás quer, de forma sutil, ajudar-nos a construir ídolos de casamento e de família frágeis demais para nossos relacionamentos de ainda não casados. "Ele disse que me amava." "Ela disse que jamais me abandonaria", essas são frases aparentemente preciosas que nem sempre serão cumpridas. Com frequência, nós as proferimos com boas intenções, mas sem uma aliança — e, sem uma aliança, os resultados podem ser arrasadores. Marque bem seu passo em todo aspecto do relacionamento — emocional, espiritual e físico. Impeça seu coração e sua imaginação de dar a largada antes de seu compromisso atual.

7. Os limites são nossos melhores amigos.

A pergunta que mais se faz sobre namoro entre cristãos pode ser: "Até onde é longe demais antes do casamento?". O fato de continuarmos a fazer essa pergunta sugere que temos de concordar com a necessidade de traçar algumas linhas — e que essas linhas parecem um tanto embaçadas para a maioria de nós. Se você está procurando casamento, e tudo vai bem, certamente experimentará tentação — muita tentação, e mais, durante todo o tempo. O pecado sexual pode ser a arma escolhida pelo diabo para corromper os relacionamentos cristãos. Se não reconhecermos nosso inimigo e não lutarmos contra ele, vamos nos encontrar indagando por que perdemos tão facilmente. Alguns de nossos melhores amigos na batalha serão os limites que estabelecemos para nos manter puros.

Embora, nos filmes românticos, as imersões espontâneas na intimidade pareçam maravilhosas e, naquele momento, proporcionem uma sensação de intenso prazer, geram, de fato, vergonha, pesar e desconfiança. Vamos tentar falar sobre toques antes de tocar. Troque um pouco de excitação por confiança e de surpresa por clareza e segurança.

Tome decisões em oração, com intencionalidade, antes de se atirar na situação. Os limites são necessários porque, no caminho para o casamento e para sua consumação, o apetite por intimidade só vai crescer se você o alimentar. Somos biologicamente projetados dessa forma. O toque conduz a mais toques. Em certas situações, ficar juntos e a sós conduz a tentações insuportáveis. Até mesmo orar juntos e conversar por horas a fio no telefone podem criar *overdoses de intimidade* danosas e prematuras.

Se formos sinceros, é muito mais fácil errar quando nos atiramos de cabeça no amor, indo longe demais, do que quando esperamos tempo demais até dar o passo seguinte. É difícil você encontrar pessoas casadas que lastimem os limites que impuseram a si mesmas no namoro; ao mesmo tempo, é muito fácil encontrar aquelas que gostariam de ter preservado mais esses limites. Como seguidores de Cristo, realmente devemos ser mais cuidadosos e vigilantes. Os limites protegem, e providenciam as trincheiras em que se constrói a confiança. Ao estabelecer alguns limites mútuos, pequenos e grandes, e nos comprometer a guardá-los, desenvolvemos intensidade e padrões de confiança que servirão à nossa intimidade, auxiliando-nos a guardar o pacto e a tomar decisões, caso Deus nos conduza ao casamento. Falaremos mais sobre pureza sexual no Capítulo 13 e sobre limites no Capítulo 14.

8. Inclua, de forma consistente, sua comunidade.

Namorar é uma questão de se esforçar ao máximo para discernir a capacidade de uma pessoa de cumprir com você a visão e o propósito de Deus para o casamento. Embora seja você a dar a última palavra, talvez não seja a melhor pessoa para avaliar cada ponto. Como ocorre em todas as outras áreas da vida cristã, precisamos do corpo de Cristo quando pensamos em quem vamos namorar, como namorar e quando nos casar. Embora raramente seja algo rápido ou conveniente, obter a perspectiva de pessoas que nos conhecem, nos amam e têm grande esperança em relação ao nosso futuro sempre compensa. Isso pode até nos levar a conversas difíceis ou a profundas discordâncias, mas nos forçará a lidar com aspectos que não podíamos ou não queríamos ver por conta própria. Encontramos segurança na abundância de conselheiros (Pv 11.14). Convide outras pessoas a examinar seu relacionamento. Fiquem algum tempo com outras pessoas, casadas e solteiras, pessoas dispostas a apontar o que é bom, o que é mau e o que é feio. Falaremos mais sobre comunidade e responsabilidade no Capítulo 15.

9. Que todo o seu namoro seja um namoro missionário!

Não, eu não o estou encorajando a namorar homens ou mulheres que ainda não são crentes em Jesus. Quando falo de namoro missionário, estou falando de namoro que mostra e promove a fé em Jesus e em suas boas novas, um namoro em consonância com o evangelho, diante do mundo que nos observa. Quero que possamos ganhar discípulos ao namorar de modo radical, confrontando os paradigmas e os prazeres do mundo com sacrifício, altruísmo e intencionalidade. No mundo, os homens e as mulheres querem muitas coisas que você também quer: afeto, compromisso, diálogo, estabilidade e sexo. E, por fim, essas pessoas vão perceber que o terreno sobre o qual vocês constroem suas vidas e seus relacionamentos é mais firme do que as cantadas vazias que experimentaram. E verão algo mais profundo, mais intenso e mais significativo entre vocês e outros fatores relevantes.

As pessoas que estão na vida de cada um de vocês conhecem e amam melhor Jesus porque vocês estão juntos? Elas enxergam a graça e a verdade de Deus operando em vocês e em seu relacionamento em sua caminhada juntos pela vida? Ambos estão pensando proativamente em como abençoar seus amigos e suas famílias, apontando-os para Cristo? Cada vez mais, enquanto o mundo dilui o namoro, seu relacionamento pode ser um retrato atraente de sua fidelidade a Cristo e um chamado para segui-lo.

Enquanto você espera e namora, tenha esperança em Jesus mais do que no casamento. Em primeiro lugar, torne-o verdadeiro. Dedique bastante tempo à satisfação de sua alma em tudo que Deus se tornou para você em Jesus. Então, mostre-se ousado ao declarar isso quando tudo que os outros querem saber é sobre sua vida amorosa. "Então, tem alguma mulher em sua vida neste momento?" "Está rolando algo entre vocês?" "Ela realmente é uma garota e tanto! O que você acha dela?" "Você estaria disposto a sair com o irmão do colega de apartamento do primo da minha esposa?" Gente casada tem seus clichês também. Utilize as conversas desajeitadas como uma oportunidade para apontá-*los* para o Noivo que comprou sua felicidade eterna, quer na vida, quer na morte; quer na doença, quer na saúde; quer no matrimônio, quer "na praça".

UMA CHANCE DE NAMORAR DE UM MODO DIFERENTE

Será que esse tipo de namoro é perfeitamente seguro? Não. Vai evitar que você se machuque ou fique desapontado? Não. Vai garantir que você nunca mais passe por outro rompimento? Não. Mas, pela graça de Deus, pode guardá-lo de um sofrimento mais profundo do coração e de fracassos ainda mais devastadores. Minha oração é para que esses princípios o preparem para amar seu namorado ou sua namorada (e seu futuro cônjuge) de uma forma que revele, mais bela e significativamente, a verdade e o poder do evangelho. Se você for como eu, já terá errado em múltiplas frentes. Talvez esteja errando agora mesmo. Esteja disposto a tomar decisões difíceis, tanto as grandes como as pequenas, no sentido de buscar o casamento da maneira certa. Casem ou não um com o outro (ou se você acabar se casando com outra pessoa), vocês serão agradecidos mais tarde.

CAPÍTULO 10

O MELHOR LIVRO SOBRE NAMORO

Atualmente, o livro mais importante no mercado a respeito de namoro não foi escrito no último ano, nem nos últimos dez anos. Foi escrito ao longo de mil anos e publicado há mais de dois mil anos. Nunca menciona namoro; na verdade, não menciona nada nem mesmo remotamente parecido com isso. Ainda assim, é o melhor livro sobre namoro que se pode comprar.

Alguns de vocês se sentirão tentados a pular este capítulo sobre a Bíblia para ler sobre como traçar limites físicos ou quando romper com um namorado. Todos somos propensos a nos acomodar a diretrizes simples e práticas para a vida — só me diga o que tenho de fazer e quando devo fazer — em vez de buscar com constância razões mais profundas para viver e fazer tudo que fazemos. Como nos acomodamos com menos, frequentemente perdemos de vista a maior parte do que a Bíblia tem a nos oferecer. A Bíblia não é um livro-texto para colocarmos em uma prateleira quando nos formamos na escola dominical, mas uma fonte de água viva, da qual precisamos beber a cada novo dia. Jesus diz: "Se vós *permanecerdes na minha palavra*, sois verdadeiramente meus discípulos" (Jo 8.31). Imaginamos a Bíblia como algo mofado e ultrapassado quando, na verdade, ela é "viva, e eficaz, e mais cortante do que qualquer espada de dois gumes, e penetra até ao ponto de dividir alma e espírito, juntas e medulas, e é apta para discernir os pensamentos e propósitos do coração" (Hb 4.12). Não é uma âncora pesada que nos prenda de longe, mas um amigo vivo e íntimo para toda tomada de decisão e toda fase da vida.

Novos livros sobre relacionamentos e namoro estão sendo publicados durante todo o tempo (incluindo este aqui), mas nem todos juntos podem oferecer o que já temos na Bíblia. Se eu puder convencê-lo a crer nisso, você vai mudar, significativamente, a forma como vive, lê e namora. É possível, por exemplo, que você fique mais impressionado com o livro de Filipenses do que com o artigo mais recente que está sendo compartilhado no Facebook. Talvez isso o incline a dedicar dez minutos a mais toda noite à leitura de Provérbios, e não mais dez minutos assistindo a filmes na Netflix. Pode, finalmente, lhe dar a coragem de acordar mais cedo e começar a meditar na Escritura a cada manhã.

Muitos de nós deixamos a Bíblia repousando como se fosse uma estátua em nossa estante porque achamos que tem pouco a ver com nossa vida cotidiana. Com o passar do tempo, as coisas mudam, e nós achamos que precisamos de novos conselhos. Achamos que as vozes de hoje oferecem uma perspectiva melhor da situação, e coisas mais adequadas a dizer sobre os dias que correm, simplesmente por estarmos vivendo agora. A Bíblia teve seus dias, e nós somos gratos por isso. Até mesmo guardamos uma cópia dela como uma estátua. Nós queremos o volume 2. Ou provavelmente algo mais parecido com o volume dois mil. Mas nós precisamos apenas, para qualquer tomada de decisão, para qualquer situação ou para qualquer relacionamento nos dias de hoje, do primeiro e único volume: a Palavra de Deus.

O NAMORO ESTÁ NA BÍBLIA?

Talvez a declaração mais clara na Bíblia sobre o que ela tem a dizer a respeito de namoro tenha sido escrita por Paulo em uma carta a seu amigo Timóteo:

> Tu, porém, permanece naquilo que aprendeste e de que foste inteirado, sabendo de quem o aprendeste e que, desde a infância, sabes as sagradas letras, que podem tornar-te sábio para a salvação pela fé em Cristo Jesus. Toda a Escritura é inspirada por Deus e útil para o ensino, para a repreensão, para a correção, para a educação na justiça, a fim de que o homem de Deus seja perfeito e perfeitamente habilitado para toda boa obra. (2Tm 3.14-17)

Aqui, Paulo não fala explicitamente de namoro — nem mesmo de casamento ou amizade. Mas diz algo poderoso sobre a Bíblia. Primeiro, a Bíblia resolve nosso maior problema. Em seguida, diz-nos como devemos viver. A Bíblia nos salva, "tornando-nos sábios para a salvação mediante a fé em Cristo Jesus". Resolve nosso maior problema ao nos trazer a melhor notícia: "Ele vos deu vida, estando vós *mortos* nos vossos delitos e pecados, nos quais andastes outrora, segundo o curso deste mundo, segundo o príncipe da potestade do ar, do espírito que agora atua nos filhos da desobediência" (Ef 2.1-2). Então, um dia, você não estava mais morto. Você creu e despertou para a vida. É possível contar essa história de mil jeitos diferentes, mas Deus diz que fomos salvos pela palavra — "por ouvir pela palavra de Cristo" (Rm 10.17). Somos todos salvos por Deus com as palavras de Deus.

Mas Deus não estava simplesmente querendo nos salvar quando escreveu a Bíblia. Paulo passa a dizer: "*Toda* a Escritura é inspirada por Deus e útil para o ensino, para a repreensão, para a correção, para a educação na justiça, a fim de que o homem de Deus seja perfeito e perfeitamente habilitado para *toda* boa obra" (2Tm 3.16-17). *Toda* a Escritura é planejada por Deus para nos habilitar para *toda boa obra* — toda boa decisão, todo ato de autodisciplina, toda demonstração de amor como a de Cristo, qualquer coisa que façamos para dar glória a Deus (1Co 10.31). Deus nos deu um livro de dois mil anos para nos falar sobre como viver nos dias de hoje. Ele poderia ter feito isso de um milhão de maneiras distintas, mas escolheu escrever um livro.

Namoro não é uma palavra que você encontrará em sua Bíblia. Nos dias de Jesus, as pessoas não namoravam.

Não existe palavra grega ou hebraica para isso em Deuteronômio, Salmos ou Romanos. Se lermos de capa a capa, podemos facilmente concluir que a Bíblia não tem absolutamente nada a dizer sobre namoro, mas diz *muito* sobre como devemos nos relacionar com o próximo, especificamente sobre como homens e mulheres devem relacionar-se.

Pedro diz a mesma coisa de um modo um pouquinho diferente quando escreve: "Visto como, pelo seu divino poder, nos têm sido doadas as coisas que conduzem à vida e à piedade, pelo conhecimento completo daquele que nos chamou para a sua própria glória e virtude, pelas quais nos têm sido doadas as suas preciosas e mui grandes promessas, para que por elas vos torneis coparticipantes da natureza divina, livrando-vos da corrupção das paixões que há no mundo (...)" (2Pe 1.3-4). Antes que você pesquise as mídias sociais ou leia o próximo e-mail, um blog ou compre o próximo livro, realmente crê que Deus *já* lhe deu "tudo que diz respeito à vida" — incluindo namoro — "e piedade"? Ele fez exatamente isso. E o fez "*por meio do* conhecimento dele", o que inclui "suas grandiosas e preciosas promessas". Fez isso pela Bíblia — o único modo claro e inegável de conhecê-lo e ouvir suas promessas. Mesmo com 66 livros e mais de oitocentas mil palavras, a Bíblia não pode falar *especificamente* tudo que todo cristão vai experimentar neste mundo ao longo da história. Mas, mesmo assim, promete falar de maneira significativa em relação a todas as coisas, inclusive quanto à nossa busca por um casamento.

UM LIVRO DE NAMORO SOBRE DEUS

Paulo diz: "Pois tudo quanto, outrora, foi escrito para o nosso ensino foi escrito a fim de que, pela paciência e pela consolação das Escrituras, tenhamos esperança" (Rm 15.4; veja também 1Co 10.11). Livros datados de centenas de anos antes de Cristo foram escritos para *nossa* instrução. Cartas datadas do primeiro século foram escritas para *nossa* esperança. À medida que o mundo vai envelhecendo e mudando, sempre haverá mais a ser dito. Se eu não acreditasse nisso, não teria escrito este livro. Mas qualquer coisa realmente significativa que ajude aquilo que eu diga será construída sobre o que já consta na Palavra. Em última análise, isso quer dizer que não existe nada original ou novo a ser dito. Deus já nos disse como viver e como amar. Nossa tarefa é escutar, escutar, escutar e, *então*, talvez tentar extrair sentido do que quer dizer hoje. As pessoas que leem a Bíblia dessa forma destacam-se no mundo, tomando decisões sábias em relação ao namoro.

A Bíblia é um livro de namoro sobre Deus. Ou um livro de negócios sobre Deus. Ou um livro de biologia a respeito de Deus. A Bíblia fala de Deus. Deus criou todas as coisas — mamães girafas, a Via Láctea e cada casamento —, e somente ele atribui a cada coisa que criou propósito e significado. Ele é o autor do mundo inteiro (e de toda criatura em todo canto), o autor da Bíblia e o autor e aperfeiçoador de nossa fé (Hb 1.1-2; 12.2), aquele que, por sua Palavra e por seu Espírito, nos doou tudo de que precisamos para cumprir sua vontade. Portanto, a Bíblia é um [preencha a lacuna] livro sobre Deus. É o único livro definitivo no mundo sobre todas as coisas, o livro que deve ser a medida de qualquer outro livro, e qualquer outro livro deve ser julgado (incluindo este) de acordo com essa medida. Espero que você esteja lendo *Ainda não casei* com a Bíblia aberta, "examinando as Escrituras", a fim de verificar se as coisas que estou dizendo são realmente assim (veja At 17.11).

ALGUNS CONSELHOS "ANTIQUADOS" SOBRE NAMORO

Uma coisa é sugerir que a Bíblia é proveitosa; outra bem diferente é provar isso. Portanto, quero olhar, ao seu lado, uma história realmente antiga da Bíblia, como um exercício, e perguntar se essa história tem algo a nos dizer sobre o namoro do século XXI. Obviamente, aplicar algumas partes da Escritura ao namoro é um pouco mais difícil, mas eu quero que você veja que, orando e com o auxílio do Espírito Santo, o trabalho difícil é possível e gratificante. Vejamos Gênesis 24. Casamento e namoro *não são* o ponto principal desse capítulo, mas isso não quer dizer que não possamos aprender algo sobre casamento e namoro nessa passagem. Se você tiver tempo, talvez seja bom reler o capítulo antes de ler o que Deus tem mostrado a mim.

A primeira coisa na Bíblia que guarda semelhança remota com o cenário de namoro dos dias de hoje talvez seja o casamento de Isaque e Rebeca. Muita gente casou antes de Isaque e Rebeca, mas nós não lemos sobre outros casando. Bem, à exceção do Jardim, e nós temos de concordar que aquela situação (bem como a cirurgia) foi extraordinária. Em Gênesis 24, Abraão, pai de Isaque, manda um servo até a cidade natal de Abraão para encontrar uma esposa para seu filho. Rebeca dá água aos camelos do servo; ele lhe dá alguns braceletes bem pesados; a família dela aprova; ela encontra Isaque pela primeira vez em uma tenda — e eles casam. Esqueça amor à primeira vista. A história deles diz respeito a um pacto à primeira vista para a vida inteira.

Se você já quis casar e ainda não casou, deveria ler Gênesis 24 (por mais estranho que hoje isso pareça) com um pouco de curiosidade e até mesmo de anseio — parece bastante simples e claro. Depois de namorar dia após dia, por 14 anos, eu achei estranho. Mas, se você pensar mais a esse respeito, provavelmente descartará a história dos dois como antiquada e ultrapassada, como algo irrelevante para os cristãos do século XXI. O Antigo Testamento pode não ser prescritivo ao falar de namoro, mas certamente é proveitoso. Não vá comprar camelos e braceletes pesados. Com certeza, não case com uma mulher e com sua irmã (veja Jacó, Lia e Raquel em Gênesis 29). Vá devagar e ore bastante; assim, talvez você veja coisas nas partes "ultrapassadas" da Bíblia que poderá aplicar a caminho do dia de seu casamento. A seguir, estão cinco tópicos que encontrei na história de Isaque e Rebeca.

1. Coloque a pressão em Deus, e não em si mesmo.

Quando Abraão comissionou o servo a encontrar uma esposa para Isaque, o servo imaginou que uma mulher talvez não aceitasse a ideia de um casamento arranjado com um homem em uma terra distante. Abraão responde:

> O Senhor, Deus do céu, que me tirou da casa de meu pai e de minha terra natal, e que me falou, e jurou, dizendo: À tua descendência darei esta terra, *ele enviará o seu anjo, que te há de preceder*, e tomarás de lá esposa para meu filho. (Gn 24.7)

Quanto mais você anseia casar (e isso ainda não tiver acontecido), mais estará propenso a achar que o problema está em você, que você tem de mudar ou tentar algo novo. Talvez Deus esteja revelando isso a você, ou talvez simplesmente queira que você espere enquanto *ele* trabalha. Realmente existe apenas um trabalhador na indústria casamenteira. Enquanto o servo correu à frente para buscar uma mulher na Mesopotâmia, Deus foi adiante para executar a verdadeira obra que se fazia necessária a Isaque e Rebeca. Moisés escreve: "O homem [o servo] a observava, em silêncio, atentamente, para saber se teria o Senhor levado a bom termo a sua jornada ou não" (Gn 24.21). Deus não somente une os cônjuges (Mt 19.6); ele também os conduz um ao outro. Se você está olhando, basicamente, para si, com o propósito de casar, está fazendo pressão no lugar errado.

2. Procure a pessoa com a mão aberta.

Antes de Abraão deixar o servo prosseguir em sua missão, ele lhe deu instruções claras e disse ao final:

"Caso a mulher não queira seguir-te, ficarás desobrigado do teu juramento; entretanto, não levarás para lá meu filho" (Gn 24.8). Abraão creu que Deus proveria uma esposa para seu filho. Mas, mesmo assim, ergueu suas mãos abertas diante de Deus: "Se o Senhor quiser" (veja Tg 4.15), meu filho terá uma esposa, e meu servo vai encontrá-la nesta viagem. Até que você pronuncie seus votos no altar, saiba que Deus poderá escrever outra história diferente de casamento do que você mesmo teria escrito. Com toda a sua sabedoria, poder e amor, temos razão para louvá-lo por ser assim.

3. Ore e ore e ore.

Antes de o servo ver a moça, orou: "E disse consigo: Ó Senhor, Deus de meu senhor Abraão, rogo-te que me acudas hoje e uses de bondade para com o meu senhor Abraão!" (Gn 24.12). Quando você começou a orar por um cônjuge? Quando parou de fazer isso? Amamos quando nossas orações são atendidas no prazo de 24 horas. E se Deus impede o que desejamos para nós por um ano? Ou por dez anos? Ou por mais tempo? Deus não quer que consideremos nada como garantido nesta vida — e isso também vale para um cônjuge. Ele quer toda a glória ao nos dar o que é melhor para nós sempre que isso acontece. Se desejarmos um esposo ou uma esposa, devemos ter prazer em lançar nossa ansiedade e nossa carência sobre aquele que cuida de nós (1Pe 5.7; veja também Fp 4.6-7). Não comece a namorar sem orar, e não pare de orar enquanto estiver esperando.

4. Busque a confirmação das pessoas amadas.

Permita que as pessoas que cercam e amam você confirmem se essa é a pessoa certa. O servo de Abraão explicou ao pai dela (Betuel) e a seu irmão (Labão) tudo que acontecera e por que acreditava que ela podia ser a mulher para casar com Isaque.

> Então, responderam Labão e Betuel, e disseram: Do Senhor procedeu este negócio; não podemos falar-te mal ou bem. Eis que Rebeca está diante da tua face; toma-a, e vai-te; seja a mulher do filho de teu senhor, como tem dito o Senhor. (Gn 24.50-51)

Se Deus os uniu, ele deixará isso claro a outros crentes que fazem parte de sua vida. Se as pessoas que amam você e seguem Jesus têm sérias dúvidas quanto a esse relacionamento, provavelmente você também precisa ter sérias reservas. Não confie somente em seus instintos (ou do seu namorado ou namorada) para ter a certeza de que ele ou ela é a pessoa certa. A paixão nos relacionamentos de namoro nos cegará e deixará surdos quanto a aspectos que você jamais teria deixado de perceber em outros relacionamentos. Confie em Deus a ponto de escutar o que outros crentes dizem em sua vida.

5. Namore para mais do que simples casamento.

Finalmente, se você está solteiro e quer se casar, o casamento pode começar a parecer o alvo de sua vida, sua própria terra prometida. Dito de outro jeito, somos propensos a idolatrar o casamento enquanto estamos namorando, depositando nossa esperança e nossa felicidade naquela pessoa, e não em Deus. Como o servo de Abraão reagiu quando Deus trouxe a mulher certa a ele?

> E disse: Bendito seja o Senhor, Deus de meu senhor Abraão, que não retirou a sua benignidade e a sua verdade de meu senhor; quanto a mim, estando no caminho, o Senhor me guiou à casa dos parentes de meu senhor. (Gn 24.26-27; veja v. 48)

O servo viu Deus através de Rebeca, e adorou. A adoração é o alvo de todo namoro cristão, porque a adoração é o alvo da vida cristã. Deus não nos criou para casar, mas para engrandecê-lo. O casamento diz respeito a conhecer a Deus, adorar a Deus, depender de Deus, revelar Deus e sermos feitos como Deus. Se o nosso namoro — na saída de uma noite ou em uma década de tentativas — resulta em casamento e não em adoração a Deus, ele será vazio e não nos será satisfatório. Namore para mais do que casar.

Quando chegamos ao fim da leitura de Gênesis 24, é possível ouvir os sinos do casamento: "E Isaque conduziu-a até à tenda de Sara, mãe dele, e tomou a Rebeca, e esta lhe foi por mulher. Ele a amou; assim, foi consolado depois da morte de sua mãe" (Gn 24.67). O nome de Deus não aparece nesse versículo, mas, a essa altura, você ainda consegue ouvi-lo: foi Deus quem fez isso. Deus deu essa mulher a esse homem, e esse homem a essa mulher. Do começo ao fim, e em tudo que há no meio, Deus estava trabalhando, e recompensou aqueles que esperaram nele (Is 64.4). Tudo acontece tão depressa aqui em Gênesis 24 que pode parecer até mais estranho para nós nos dias atuais, quando temos de esperar anos a fio para casar. A história de Isaque e Rebeca, porém, não é sobre como a resposta veio de imediato, mas, sim, que a resposta e o casamento vieram de Deus. Em cada passo de sua busca pelo casamento, olhe para Deus, esperança de verdadeira felicidade para toda pessoa e autor da história de amor de todos os cristãos.

PENSE NO QUE DEUS DIZ

Podemos aprender muito com a história de Isaque e Rebeca, mas não estamos limitados a Gênesis 24 quando lemos a Bíblia em busca de conselhos sobre namoro. Com Jacó, aprendemos a ter paciência, pois ele esperou sete anos por sua garota (Gn 29.20) — e, depois, mais sete anos (29.28). O livro de Juízes nos mostra as consequências de fazer o que parece bom aos nossos próprios olhos (Jz 21.25) — fazer o que é confortável no momento ou normal em nossa sociedade. A história de Davi nos adverte que o pecado, especialmente o pecado sexual, será sedutor (2Sm 11.3) e abusará de nós e de todos que estiverem envolvidos (2Sm 11.17; 12.18). O livro de Provérbios está cheio de sabedoria para os relacionamentos de namoro — conselho para o desenvolvimento de boa comunicação, a escolha do cônjuge, o ato de resistir à tentação sexual e muito mais. Todos são exemplos anteriores a Jesus, aquele que é o retrato e o modelo para amar o próximo.

A Bíblia foi escrita para nós — mais do que percebemos. Ler e aplicar a Bíblia ao namoro não serão coisas fáceis, mas valem a pena. O próprio Deus promete ler *conosco*. Mas nós precisamos estar dispostos a investir tempo e esperar que ele fale. Paulo diz: "Pondera o que acabo de dizer, porque *o Senhor* te dará compreensão em todas as coisas" (2Tm 2.7). À medida que vamos desacelerando o passo para pensar no que Deus disse, ele revelará cada vez mais o que isso significa para nós. Isso faz com que você queira ler novamente a Bíblia? Faz você indagar em que medida perdeu coisas importantes que poderia aplicar ao que você está enfrentando exatamente agora? Espero que sim. Se você entregar sua vida à leitura desse livro, a recompensa irá muito além do que isso vai custar para você.

CAPÍTULO 11
SEU ÚLTIMO PRIMEIRO ENCONTRO

Aquele fora nosso primeiro encontro. Eu nem sabia ao certo se ela considerava um encontro como namorados. Nós nos encontráramos em um casamento e depois voltamos a nos falar por telefone uma vez por semana, por uns dois meses. Eu lhe perguntei se poderia levá-la para sair, e ela concordou. Comprei uns dois jogos de tabuleiro, escolhi um lugar de comida mexicana da moda e encontrei uma cafeteria legal para ficarmos depois do almoço. O café diria que eu estava interessado e levando a sério, mas não desesperado. Os jogos de tabuleiro indicariam que eu sei dar umas boas risadas e me divertir, mas que estou aqui para vencer. Não sei o que significariam os *tacos* mexicanos, mas eu gosto deles.

Foi um grande encontro (pelo menos da minha perspectiva). O restaurante era tudo que eu esperava — uma atmosfera irreverente e moderna, mas suficientemente tranquila para que pudéssemos conversar e nos conhecer melhor.

A comida estava especial e deliciosa, mas não pesada demais. Ela ficou impressionada. Jogamos na cafeteria durante toda a tarde. Deixei que ela vencesse algumas vezes para me assegurar de que ela também se divertisse. Está certo, talvez ela tenha ganhado mais vezes do que eu esperava. De qualquer maneira, nós nos divertimos muito. A conversa foi um misto de seriedade e assuntos banais, de contar histórias que suscitavam perguntas complementares, tudo cheio de nosso amor compartilhado por Jesus. Algumas horas passaram realmente bem depressa.

Chegamos ao final daquela tarde. A essa altura, animado e confiante, resolvi me entregar: "Passei um tempo realmente ótimo hoje, e gostei de conhecê-la mais nos últimos dois meses. Não sei o que você está sentindo" — bem, eu estava bastante certo de que *eu* sabia —, "mas adoraria se pudéssemos nos conhecer melhor em um relacionamento".

Ela sorriu. Meu coração saltou pela camisa nova que eu havia comprado na véspera. "Eu também passei um tempo ótimo hoje", disse ela.

Foi mesmo muito legal, não foi?

"Eu também, realmente gostei de conhecê-lo mais."

Eu sabia.

"Gostei muito das conversas que tivemos, e como você me mostrou mais Jesus."

Soa como assunto de namorado mesmo.

"Você realmente se provou um bom amigo."

Á-ãã.

"Você é um ser humano muito agradável..."

Espera aí, o que ela queria dizer com isso?
"... mas, quando penso em um relacionamento, meu coração está frio."
Pausa longa, desajeitada, desconfortável. "Frio?"
"Sim. Frio."
"Frio como gelado ou só um pouco frio, morno?"
"Frio."
O que dera tão errado? O que eu deveria ter feito diferente? Tudo parecia tão agradável, tão empolgante, tão certo, tão seguro. Mas, quando o dia acabou, ela estava mais gelada que sorvete, e eu era apenas um "ser humano agradável". Tinha começado a parecer que essa, finalmente, seria meu último primeiro encontro. Claro, com certeza eu já tivera primeiros encontros do mesmo tipo antes. Mas aqui estava eu, de volta ao ponto de partida. Emoções assim, como se eu estivesse em uma montanha-russa, bastavam para me fazer desistir de pensar em casamento.

O CASAMENTO PODE REALMENTE VALER A PENA?

"Afinal, talvez o casamento não seja grande coisa."

Com os índices de divórcio tão elevados e os casamentos que sobrevivem à nossa volta parecendo dilacerados, confusos e infelizes — e *existem* muitas outras coisas boas para nos manter ocupados —, muitos homens e mulheres na casa de seus vinte ou trinta anos desistiram de casar, ou pelo menos afastaram isso de seus planos e de seus sonhos. Alguns de nós experimentamos namorar e ficamos devastados — confusão, rejeição, fracasso sexual, rompimentos, ou qualquer coisa que atormente nossos relacionamentos. Com toda a dor e todas as falhas e discórdias, pode não valer a pena, não é? Existem outros jeitos de ser conhecido e amado. O casamento não é essencial para minha felicidade ou para meu valor aqui na terra.

Essa última frase é verdadeira e importante, mas temo que nossa geração não esteja enxergando algumas características do que realmente é o casamento e por que, pelo menos para muitos, vale todo o tempo, toda a paciência e todo o sofrimento de que ele se reveste. Muitas pessoas ainda não casadas têm de ser lembradas de que o casamento é espetacular e necessário em nossa sociedade — e isso porque pertence a Deus. A beleza do casamento ultrapassa, de longe, seus benefícios funcionais, sociais, relacionais e, sim, até mesmo sexuais. Para os crentes em Jesus, a importância e a atração do matrimônio devem ser profundamente espirituais, missionárias e eternas.

Há dois mil anos, as pessoas já questionavam se o casamento tinha valor. Paulo diz: "(...) nos últimos tempos, alguns apostatarão da fé, por obedecerem a espíritos enganadores e a ensinos de demônios" (1Tm 4.1). Em que mentiras estavam acreditando quando abandonaram a fé? O que os demônios estavam dizendo? Eles *"proíbem o casamento* e exigem abstinência de alimentos que Deus criou para serem recebidos, com ações de graças pelos fiéis e por quantos conhecem plenamente a verdade" (1Tm 4.3). Quando nos esquecemos da bondade e da beleza do casamento, esquecemos algo bom e belo que *Deus* está fazendo no mundo. Por quê? "Porque tudo foi criado *por Deus*" — inclusive o casamento e toda boa alimentação —, "pois tudo que Deus criou é bom, e, recebido com ações de graças, nada é recusável" (1Tm 4.4). Deus fez o casamento, e quis que muitos cristãos casassem e tivessem alegria no matrimônio como cristãos, com seus corações agradecidos. Ainda hoje, ele o chama de *bom*. Dizer outra coisa é falar mal de Deus.

Algumas pessoas desistiram do casamento porque não lhes parece mais ser uma grande coisa. Outras desistiram porque querem isso mais que qualquer outra coisa, e estamos exaustos e fustigados por tentar encontrar o casamento que desejamos. Em silêncio, até mesmo em nosso subconsciente, deixamos de colocar o casamento diante de Deus em nossa lista de desejos, de modo que ficamos chateados enquanto esperamos por aí por nosso marido ou por nossa esposa. Mas, até que tenhamos encontrado nossa felicidade, nosso significado, nosso *pertencimento* nos lugares certos, jamais estaremos prontos para nos casar.

Quer saber por que existem tantos divórcios, até mesmo entre os cristãos? Em parte, porque tantas pessoas tentaram encontrar a felicidade máxima, o significado máximo ou o pertencimento máximo nos braços de um homem ou de uma mulher. Por algum tempo, o casamento parecia a resposta — por alguns anos, alguns meses e até mesmo alguns minutos —, mas, logo em seguida, isso falhou. Deixou essas pessoas carentes, até mesmo exigentes, querendo ter mais no casamento, não vendo que suas exigências não cabiam nesse relacionamento. Então, passaram a culpar o casamento por seu vazio, por sua solidão, por sua falta de alegria, sem se dar conta de que isso nunca atenderia aos seus anseios mais profundos. Existem muitas razões ruins para casar, e a pior delas é quando achamos que o casamento pode ser aquilo que somente Deus pode ser para nós.

SEU CASAMENTO AINDA É ALGO QUE VALE A PENA DESEJAR

Se formos desistir do casamento, mas continuarmos gostando de namorar, alguma coisa está muito errada. Todos os nossos desejos por namoro deveriam ter origem em uma ampla visão do que é o casamento e por que é bom desejá-lo. A cada encontro, devemos ter em mente nosso último primeiro encontro. O casamento é a única coisa suficientemente grande e forte, portadora de valores elevados, que merece todos os riscos que corremos no namoro. Se você se sentir tentado a desistir do casamento ou a desprezá-lo, não permita que as tendências mundanas o convençam de que o casamento é apenas um acessório pequeno e desnecessário a ser acrescentado mais tarde, com vistas a uma vida plena e feliz. Antes de se atirar cada vez mais fundo na carreira ou em seu hobby predileto, em vez de buscar o casamento, considere as cinco razões que se seguem para que o casamento ainda seja algo valioso e desejável para você.

1. Quando Deus fez o mundo, o casamento foi parte essencial de sua criação perfeita.

Houve um dia — pelo menos algumas poucas horas — em que o casamento era puro, sem mácula, livre de todo egoísmo e pecado. De fato, o mundo inteiro era assim. Deus olhou para sua criação, e ela era boa — completa, sem defeito, rica e cheia de vida (Gn 1.31). Uma parte central desse mundo verdadeiramente utópico foi o casamento — um homem e uma mulher unidos em um só corpo, numa união ordenada por Deus, cheia de Deus, que em tudo glorificava a Deus (Gn 1.27). O casamento não foi um arranjo opcional ou acidental na agenda de Deus. Estava bem ali, no centro, vinculando as duas personagens mais significativas dessa nova história épica.

Com certeza, o pecado dilacerou e maculou aquilo que era bom e puro em relação ao casamento. Mas Paulo cita Gênesis 2 (antes da entrada do pecado no cenário), dizendo que, *desde o princípio*, o mistério do casamento é que representava o relacionamento de Jesus com a igreja. "Eis por que deixará o homem a seu pai e a sua mãe e se unirá à sua mulher, e se tornarão os dois uma só carne. Grande é este mistério, mas eu me refiro a Cristo e à igreja" (Ef 5.31-32). Isso quer dizer que o pecado não foi uma surpresa no projeto de Deus para o casamento. Em vez disso, de maneira trágica, mas realmente bela, serviu para cumprir as razões de Deus ao criá-lo. Hoje, os casamentos, embora deficientes, ainda cumprem, ainda que de forma imperfeita, os propósitos gloriosos que Deus atribuiu no jardim.

2. Os casamentos cristãos revelam quão ignorantes e míopes são as prioridades de nossa sociedade.

O individualismo, o consumo exagerado e a ênfase exacerbada na carreira sucatearam o valor percebido e a centralidade do casamento. Hoje, é mais comum ver o casamento simplesmente como um acessório social conveniente aos outros sonhos e ambições de alguém. É regularmente (e lamentavelmente) avaliado e encerrado com base em atender ou não às nossas outras aspirações. Ficamos felizes em estar casados quando isso nos deixa contentes e nos ajuda a alcançar nossos objetivos. Se o relacionamento ficar complicado ou chato, se desacelerar o ritmo ou, ainda, se exigir mais de nós, simplesmente nos afastamos, punimos nosso cônjuge e os filhos (direta ou indiretamente) e, por fim, vamos embora e contamos os prejuízos. A não ser, claro, que Jesus seja a razão de nosso casamento e o poder para sustentá-lo.

Qualquer pessoa que tenha passado pela experiência de um casamento será testemunha de que é difícil. Isso tem sido verdadeiro ao longo de gerações, culturas e cosmovisões. Os casamentos nunca sobrevivem por décadas no conforto e na autorrealização, pelo menos não com felicidade. Os casamentos duram e florescem com base no compromisso mútuo altruísta, de um em relação ao outro e também em relação a algo maior, mais forte e mais duradouro que o próprio casamento. O casamento cristão, portanto, é a oportunidade de mostrar ao mundo algo — ou melhor, alguém — forte o bastante para manter os cônjuges juntos, tornando o relacionamento incrivelmente significativo e feliz.

3. Filhos são um milagre, e Deus quer que, no casamento, tenhamos e criemos filhos.

Gerar ou adotar filhos não é o único meio de trazer as pessoas para a fé em Jesus Cristo, mas, repetidas vezes na história, ficou provado que é um dos meios mais efetivos. Você terá autoridade e influência natural, singular, dada por Deus, sobre seus filhos. O casamento lhes oferece a capacidade única de estruturar o crescimento dos rebentos, de falar a seus corações e de modelar a esperança e o amor de Deus. Filhos são um milagre — cada um deles. Cada nova pessoa — formada e sustentada por Deus no ventre de sua mãe — é um milagre estonteante (Sl 139.13).

Os filhos são um milagre que vale a pena, o que significa que eles são um milagre que merece planejamento e sacrifício. As futuras gerações de homens e mulheres dominarão o mundo, a igreja e sua vizinhança local. Quem serão esses homens e essas mulheres do futuro? Que tipo de lares experimentarão? Quais lições aprenderão aos 4, 12 e 15 anos? Em que momento ouvirão falar de Jesus? Quais são as pessoas que servirão de exemplo cristão em suas vidas? É difícil superestimar a produtividade e o tesouro duradouro de ter filhos e treiná-los para ser homens e mulheres que seguem Deus. É claro que existem outras maneiras — incontáveis outras maneiras — de investir na criação de futuras gerações de jovens. Você pode ensinar. Você pode ser um mentor. Você pode apoiar os pais. Mas nada realmente substitui o relacionamento contínuo, o compromisso e a responsabilidade por toda a vida de tê-los em seu lar, sob seu teto e debaixo de seus cuidados.

4. O casamento é uma das formas mais eficazes de Deus nos fazer mais parecidos com Jesus.

Admito que essa razão é mais inspirada por testemunho pessoal do que por uma citação da Bíblia, mas também é justo dizer que essa é uma conclusão que decorre do bom senso. Se juntarmos duas pessoas tementes a Deus, que seguem Jesus, embora sejam pecadoras, em tamanha proximidade, com um pacto que evite que elas fujam, haverá tensão, conflito e, *espera-se*, mudança. Talvez o melhor meio que Deus nos deu, depois do Espírito Santo, para nos tornar mais semelhantes a ele, são as pessoas em nossas vidas que nos amam tanto a ponto de confrontar nossos modelos de egoísmo, impureza e pecado. O casamento coloca aquela pessoa amável bem ao nosso lado, na mesma família, na mesma casa, debaixo do mesmo orçamento e das mesmas promessas. Tim Keller escreve:

> Deus nos amou, não por sermos amáveis com ele, mas para nos tornar amáveis, cheios do seu amor... Cada cônjuge deverá ver essa grande coisa que Jesus está fazendo na vida de seu parceiro mediante a Palavra, o evangelho. Então, cada cônjuge deve entregar-se como veículo desse trabalho, com a visão do dia em que estarão juntos, de pé, diante de Deus, vendo o outro apresentado em beleza e glória, sem máculas... Romance, sexo, riso e pura alegria são subprodutos desse processo de santificação, refinamento e glorificação.[8]

---

[8] Timothy Keller, *The Meaning of Marriage: Facing the Complexities of Commitment with the Wisdom of God* (New York: Dutton, 2011), 109, 120-21, 123 [em português: O significado do casamento (São Paulo: Vida Nova, 2012)].

5. O casamento declara o evangelho tão consistente e claro quanto qualquer outro relacionamento.

O conselho de Deus em relação ao casamento tem o formato da cruz. O caminho para os casamentos mais belos e mais satisfeitos é o caminho para o Calvário. A Bíblia é clara ao dizer que o comportamento e a cadência da aliança no casamento são como grandes painéis do amor de Cristo, um amor que perdoa, se sacrifica e redime os pecadores. Paulo repete isso de diversas formas, ao falar para esposos e esposas:

> (...) porque o marido é o cabeça da mulher, como também Cristo é o cabeça da igreja, sendo este mesmo o *salvador* do corpo. (Ef 5.23)

> Maridos, amai vossa mulher, como também Cristo amou a igreja e a si mesmo *se entregou por ela*. (Ef 5.25)

> Eis por que deixará o homem a seu pai e a sua mãe e se unirá à sua mulher, e se tornarão os dois uma só carne. Grande é este mistério, mas eu me *refiro a Cristo e à igreja*. (Ef 5.31-32)

Você raramente vê esse tipo de amor como o de Cristo em outros relacionamentos porque, nos outros, o custo nunca é tão alto assim. Um marido e sua esposa fazem um pacto diante de *Deus* de amar um ao outro *até a morte*. Não existem rotas de fuga. Para alguns, isso pode parecer algo assustador, mas nós fomos feitos para esse tipo de amor — um amor pactual, duradouro, extravagante, que cumpre as promessas. É assim que Deus nos ama, e é o tipo de amor que desfila — de modo tangível e consistente — o evangelho da graça, da esperança e do perdão diante de um mundo carente.

VOCÊ FOI CHAMADO PARA CASAR?

Ora, o casamento não é para todos. Já vimos que a Bíblia é maravilhosamente clara a esse respeito (veja 1Co 7.8). Deus chamou, separou, equipou e enviou amorosa e especificamente muitos homens e mulheres não casados ao mundo durante todo o tempo de sua vida, como testemunhas da suficiência toda satisfatória de em seu Filho — a fim de contar ao mundo que você não precisa ser casado para ser feliz. Mas até mesmo os que foram chamados e comissionados por Deus para ter uma vida como solteiros têm todas as razões para celebrar o casamento cristão — cada imagem cheia de vida, respiração e fé do amor de Cristo por sua igreja.

Como saber se você foi chamado a casar? Bem, você não sabe até o momento em que casa (pelo menos não com absoluta certeza). Inúmeras pessoas sentiram o chamado para ser médicas, artistas da música ou jogadores profissionais de basquete, mas esse chamado só se torna realidade quando elas obtêm seu registro, quando ocupam o palco ou assinam o grande contrato de suas vidas. Veremos mais a esse respeito nos próximos capítulos, mas um chamado ao casamento pode ser mais complicado do que podemos imaginar. Não se trata apenas de querermos casar desde antes da adolescência. Talvez tenhamos um desejo profundo e um *senso* de chamado ao casamento, mas essa é apenas uma peça do quebra-cabeça. Esse chamado deve ser confirmado na comunidade junto aos outros crentes que nos amam, e que amam Jesus. Nosso chamado também pode ser confirmado pelo fato de Deus nos dar a oportunidade de namorar alguém e, depois, confirmar o mesmo chamado no coração e na comunidade de nosso parceiro ou de nossa parceira. Até que todas essas peças se encaixem, não devemos presumir simplesmente que fomos chamados a nos casar, ou que *não* fomos chamados a permanecer solteiros. No final das contas, só podemos ter certeza de que fomos chamados para o casamento quando, de fato, casamos.

O que dizer sobre permanecer solteiro? Até o nosso casamento (se nos casarmos), somos chamados ao celibato. Um chamado para permanecer solteiro é tão verdadeiro e significativo quanto o chamado para o casamento. Não é um chamado decorrente de um fracasso. Deus não faz chamados em razão de fracasso. Um chamado, por definição, é intencional e pessoal, e não algo passivo e generalizado. Mas, diferente de um chamado para o casamento, o chamado para permanecer solteiro nunca é gravado em pedra. Uma vez que nos casamos, somos chamados para permanecer casados até a morte. Não há devolução nem trocas por encontrar defeitos naquilo que assumimos. Se Deus nos chama para o celibato, talvez nos chame para permanecer solteiros pelo resto da vida — ele faz isso em relação a muitas pessoas — ou talvez nos chame para permanecer solteiros por algum tempo, por determinado período (cinco anos, dez anos ou talvez até cinquenta anos), antes de nos chamar ao casamento.

UM AMOR DECLARADO, NÃO DESCOBERTO

Se Deus nos chamar para o matrimônio, teremos de reaprender a amar. A beleza e a alegria do casamento cristão não se resumem a uma questão de compatibilidade. Isso parece a joia rara que procuramos em todos os nossos relacionamentos de namoro, mas os relacionamentos e os casamentos não se destacam nem duram só porque os cônjuges "dão certo" ou fazem sentido juntos. Não, a beleza e a alegria do casamento cristão é Cristo, que brilha em nosso compromisso inabalável e cheio de alegria, mesmo quando somos pouco compatíveis e pouco merecedores do amor um do outro. Keller diz: "Os votos do casamento não são uma declaração de amor presente, mas uma promessa mútua que ata o amor futuro".[9] Casamento é principalmente um amor declarado, não um amor descoberto. Você já pensou no dia de seu casamento dessa forma? As promessas que vocês farão diante de Deus e de todos os seus amigos e familiares nada têm a ver com o que experimentaram e com o que se alegraram durante o namoro; essas promessas têm tudo a ver com os meses e os anos incertos e incontroláveis que se apresentam diante de vocês. Vocês não estão de pé dizendo: "Eu realmente amo você", mas, em vez disso, "Eu realmente *vou* amar você" — custe o que

9 Ibid., 87.

custar, por mais difícil que seja, aconteça o que acontecer, por mais que eu queira fugir. Esse tipo de amor se destaca no mundo, e durará muito tempo depois de muitos outros já haverem desistido e ido embora.

Os melhores casamentos serão os mais difíceis de explicar — não por vocês serem tão diferentes um do outro (talvez até sejam), mas porque vocês se amam com tanta paciência, tanto sacrifício e tanta paixão após vivenciarem anos de transtornos, conflitos e sacrifícios. Como ainda se amam tanto? Bem, porque fomos amados desse jeito e muito mais. Paulo diz: "Porque Cristo, *quando nós ainda éramos fracos*, morreu a seu tempo pelos ímpios. Dificilmente, alguém morreria por um justo; pois poderá ser que pelo bom alguém se anime a morrer. Mas Deus prova o seu próprio amor para conosco pelo fato de ter Cristo morrido por nós, *sendo nós ainda pecadores*" (Rm 5.6-8). Ele não morreu por nós porque finalmente encontrou o amor da sua vida. Não, não éramos um bom partido quando ele nos conheceu. Não, ele morreu para fazer de nós o amor de sua vida, a despeito de quão pouco o merecíamos. Um amor como o dele faz com que valha a pena desejar o casamento, e torna valioso esse casamento — um amor declarado, não descoberto.

Em todo namoro, sempre tenha em mente seu último primeiro encontro. Com certeza, eu não sabia disso naquele tempo, mas o meu foi comendo *tacos* em um restaurante da moda, tomando café e jogando jogos de tabuleiro. Aos poucos, nos meses seguintes, a Rainha do Gelo foi esquentando. Em maio, ela se tornou minha namorada e, quase dois anos depois disso, minha esposa. Nesses dois anos, mantivemos uma imagem grande, sagrada e estonteante do que seria o casamento para nós. Não tínhamos ideia se conseguiríamos casar, e nunca partimos do pressuposto de que isso realmente fosse acontecer. Na verdade, intencionalmente namoramos como se pudéssemos casar com outra pessoa, a fim de não idolatrar demais um ao outro ou ir longe demais antes do tempo. Mas nós sabíamos que a única coisa de valor em razão da qual estávamos namorando era a perspectiva do casamento — um amor para toda a vida, de vida na vida, como o amor de Jesus por nós. Nada mais merecia o risco que estávamos correndo de compartilhar o coração com alguém. Nada mais nos protegeria de mergulhar depressa demais ou de pular do barco quando as coisas se tornassem difíceis. Nada mais se destacaria mais no mundo que nos cercava do que dizer algo significativo sobre Jesus. O casamento tinha de ser o grande e belíssimo alvo de nosso namoro, antes mesmo de estarmos prontos para namorar.

CAPÍTULO 12
SERÁ QUE ELE É O CARA?

De algum modo, escrevi a segunda parte deste livro para poder escrever este capítulo. Não é necessariamente o capítulo mais importante — pode até ser para você —, mas é o capítulo que eu mais queria escrever. Errei em muitas coisas no namoro, mas, quando me lembro de meus erros e fracassos — ao namorar quando ainda era muito novo, ao passando de um relacionamento para outro, ao não ser honesto comigo ou com os outros nos relacionamentos, ao falhar em impor limites ou em guardá-los, ao não dar ouvidos aos meus amigos e à minha família, ao não apreciar ou seguir a pureza —, uma coisa surge acima de todas as demais e, de muitas formas, explica as outras: meus relacionamentos no namoro eram principalmente uma busca por intimidade, e não por clareza.

Nos melhores momentos, eu buscava por clareza *por meio de* intimidade, mas, em muitos outros, se eu quiser ser honesto, queria apenas intimidade a qualquer preço. "A busca por casamento" era uma blusa quentinha que eu vestia sobre minha consciência quando as coisas começavam a ir longe demais. Mas até mesmo a clareza *por meio da* intimidade deixa de atingir o objetivo e põe pelo avesso as coisas. Eu devia procurar clareza e, *só então*, intimidade. Essa equação simples teria sido suficiente para salvar a mim e as garotas que eu namorava de todo tipo de sofrimento e arrependimento.

A maioria de nós namora porque deseja intimidade. Queremos nos sentir próximos de alguém. Queremos ser profundamente conhecidos e profundamente amados. Queremos sexo. Desejamos compartilhar a vida com um homem ou com uma mulher — alguém que esteja envolvido e investido no que fazemos e naquilo que é importante para nós. Com o coração certo, na medida certa e no tempo certo, todos esses são bons desejos. Deus criou muitos de nós querendo essas coisas e, portanto, quer que as desejemos — com o coração certo, na medida certa e no tempo certo.

Pense em seu último primeiro beijo em um relacionamento (se você já beijou alguém). Por que fez isso? Sabia que estava arriscando algo, que essa não era a forma mais segura de se entregar a alguém. O que o impelia mais nos breves momentos antes de deixar que seus lábios tocassem os dela (ou os dele)? Para mim, todo primeiro beijo foi impulsionado por meus desejos mais do que pelos desejos de Deus em relação a mim — todo primeiro beijo, até eu beijar minha esposa pela primeira vez, segundos depois de ter pedido que ela fosse minha esposa. Antes de Faye, eu permitia que aquilo que eu queria tivesse mais peso do que aquilo que eu sabia que Deus queria, e o que eu sabia que era melhor para a menina que eu estava namorando. Eu desejava ter intimidade, e sabia que encontraria isso no casamento. Então, procurei "casamento" no Google Maps, caí na estrada e ignorei os limites de velocidade. E, em vez de esperar para chegar ao destino para ter intimidade emocional e sexual, fiz um desvio e comprei algo mais rápido e mais barato na beira da estrada.

Intimidade — romântica ou de outro tipo — é um dom belo e precioso que Deus deu a seus filhos. Mas, como tantas boas dádivas de Deus, devido ao nosso pecado, a intimidade também é muito perigosa. O coração humano é planejado para desejar intimidade, mas também tende a corromper a intimidade — a exigir a intimidade de maneira errada e no tempo errado, e esperar coisas erradas dessa intimidade. Isso quer dizer que a intimidade entre pecadores é perigosa, porque tendemos, por natureza, a nos ferir, a fazer o que parece bom, em vez de cuidar da outra pessoa; a prometer cedo demais, em vez de ser pacientes e cautelosos para falar; a depositar nossas esperanças, nossa identidade e valores um no outro, e não em Deus. A intimidade nos torna vulneráveis, e o pecado nos torna perigosos. As duas coisas juntas, sem as promessas do pacto, são uma fórmula para o desastre no namoro.

DIFERENTES PRÊMIOS NO CASAMENTO E NO NAMORO

Já estabelecemos que Deus — e não um ao outro, não o amor, não o sexo, não a amizade — faz com que o casamento tenha valor. Deus é o grande benefício para todo crente, em qualquer idade, em qualquer estágio da vida em que se encontre e qualquer que seja seu estado civil. Mas será que há um prêmio especial para o crente no casamento? Sim, a intimidade emocional e sexual, centrada em Cristo, com outro crente. Diante de Deus, dentro do pacto do casamento, duas vidas, dois corações, dois corpos tornam-se um. Esposo e esposa experimentam tudo na vida como *uma* nova pessoa. O termo "casal" não mais os descreve á altura. Sim, eles ainda são eles mesmos, mas estão próximos demais para ser separados (Mc 10.9). Deus os fez um. As coisas deles não são mais de cada um. Seu tempo não pertence mais a cada um. Até mesmo seus corpos não pertencem mais a si mesmos (1Co 7.4). Agora, compartilham tudo e, *juntos*, têm prazer em tudo. O sexo é uma experiência intensa, mas é apenas uma pequena fatia de toda a intimidade que agora eles têm juntos.

A razão para esse tipo de intimidade ser o prêmio do casamento, e *não* dos relacionamentos de quem ainda não casou, é que esse tipo de intimidade nunca é seguro fora de um pacto. *Nunca*. Existem muitos contextos em que a intimidade romântica *parece* segura fora do casamento, mas nunca, de fato, será. Há muita coisa em risco com nossos corações e muita coisa envolvida para não haver uma aliança. Sem as promessas feitas diante de Deus, quanto mais nos permitimos ter intimidade com um homem ou com uma mulher, mais nos expomos à possibilidade de um abandono, uma traição ou uma decepção. Em um *casamento* centrado em Cristo, esses mesmos riscos não existem. Estamos juntos

— na doença e na saúde, em paz e nos conflitos, nos dissabores, nas tragédias e até mesmo nos fracassos — até que a morte nos separe. Quando Deus nos une, a morte é a única coisa capaz de nos separar. Isso quer dizer que a intimidade é uma experiência segura e apropriada *dentro do casamento*. Com certeza, não é perfeitamente segura. Gente casada ainda é gente pecadora, ou seja, os cônjuges ainda são capazes de ferir um ao outro, ao ponto de abuso ou divórcio. Mas as pessoas casadas que são fiéis não abandonam seus cônjuges. Assim como Deus não é um Deus que nos abandona.

Se desejarmos ter essa intimidade centrada em Cristo, precisamos nos casar. E, se queremos casar, precisamos buscar clareza em relação a *quem* será nosso cônjuge. Não buscamos clareza quando mergulhamos em intimidade. O tipo certo de clareza é um meio para o tipo certo de intimidade, e não o contrário. A clareza cuidadosa, cheia de oração, bem-pensada, produzirá uma intimidade saudável, duradoura e apaixonada. Qualquer outro caminho de intimidade será sabotagem, deixando-a superficial, frágil e pouco confiável.

BICICLETAS E AVIÕES

Boa parte do sofrimento e da confusão que sentimos no namoro vem do fato de tratarmos o namoro principalmente como um ensaio para o casamento (clareza *por meio de* intimidade), em vez de tratá-lo como uma etapa de discernimento rumo ao casamento (clareza *e depois* intimidade). No namoro, testamos a intimidade até que ela, basicamente, nos pareça um casamento e, então, casamos. Os riscos parecem até valorizá-lo (se isso for necessário), em virtude de *quanto queremos* estar casados (ou pelo menos tudo que vem com o casamento). Mas os riscos não valem isso e, com certeza, não são necessários. Deus não planejou que nos arriscássemos tanto em nossa busca pelo casamento. Certamente, sempre nos tornamos vulneráveis em certa medida quando conhecemos alguém e desenvolvemos um relacionamento, mas Deus quer que gozemos de intimidade *principalmente* (quase exclusivamente) dentro de um pacto, e não em um laboratório científico de amor. No namoro cristão, não estamos provando o casamento para ver se é o número certo; estamos tentando encontrar alguém para nos casar.

Queremos que o casamento seja como andar de bicicleta, mas Deus tem planos para que seja mais como andar de avião. Para ganhar a licença de piloto, primeiro você tem de fazer o curso em terra e aprender sobre aerodinâmica, radiocomunicações, sistemas aeronáuticos, navegação aérea, tempo, regulamentos federais de aviação, planejamento de voo, procedimentos de emergência, e muito mais. Você tem de cumprir determinado número de horas de voo supervisionado, período no qual você aprende sobre inspeções e verificações antes da decolagem, taxiamento, padrões do vento, diferentes abordagens e técnicas de aterrissagem e como lidar com defeitos de funcionamento e emergências. Uma vez que tenha demonstrado consistência nas decolagens e nas aterrissagens, proficiência em certas manobras de voo e boa capacidade de julgamento, o instrutor aprova seu voo solo. Mas, mesmo então, não lhe serão permitidos procedimentos de decolagem e aterrissagem nas primeiras vezes que você voa. Eventualmente, será permitido que você faça um voo experimental em áreas restritas. Quando, então, adquirir mais experiência, você será aprovado a voar de um aeroporto a outro. Depois fará uma prova e talvez você *finalmente* ganhe sua licença.

Quando fazemos experimentos com a intimidade no namoro, nós pulamos para dentro do avião e o tratamos como se fosse uma bicicleta. Ignoramos as aulas, o instrutor e as provas, e simplesmente partimos para o voo. Por que somos tão perigosamente afoitos? Porque ansiamos muito por intimidade, frequentemente até mais do que pelo casamento em si. Queremos que o casamento seja como andar de bicicleta. Se houver alguém para nos treinar, ótimo. Caso contrário, não tem nada a ver. Continuamos tentando até que pareça dar certo e consigamos nos equilibrar na bicicleta. Joelhos ralados ou braços doloridos podem incomodar, mas esse é o preço que pagamos para aprender a andar de bicicleta, certo? Não, não devemos praticar antecipadamente o casamento até nos casarmos, arriscando ter corações feridos e quebrados. Há muita coisa em jogo para nos lançarmos na intimidade, mesmo que tenhamos as rodas de apoio certas para nos oferecer segurança. Namoro não é casamento da liga juvenil. Não é um treino. No namoro, aprendemos muito para nos preparar para o casamento, mas seria perigoso tratar o namoro como se fosse um tipo menor e mais experimental do casamento. Em vez de fazer experimentos com o casamento, devemos procurar ter clareza quanto ao que é o casamento.

COMO VOCÊ SABE?

A maioria das pessoas busca clareza em relação ao namoro dentro do próprio coração. Como *eu* me sinto em relação a essa pessoa? *Eu* estou pronto para realmente seguir em frente nesse relacionamento? *Eu* realmente quero me casar com essa pessoa? Contudo, há pelo menos outras duas dimensões para se ter um senso de clareza saudável (pense em altura, largura e profundidade): a confirmação de nossa comunidade e (talvez o que esquecemos com mais frequência, ou pelo menos costumamos ter como certo) a *oportunidade* de procurar alguém ou de casar. Veremos mais sobre o papel da comunidade em relação à clareza no Capítulo 15, e vou abordar o aspecto da oportunidade de clareza, de forma sucinta, no final deste capítulo. Mas, em primeiro lugar, vamos falar da clareza que se passa em nossos próprios corações. Como você sabe que aquela é a pessoa certa?

De uma forma bastante simples, estamos procurando alguém com quem possamos casar. Essa resposta não impressionará ninguém, mas tamanha simplicidade traz muito mais peso do que aparenta, num primeiro momento. Espero que você tenha visto isso até agora neste livro. O casamento não é simplesmente sobre sexo, companheirismo, filhos e benefícios fiscais. Queremos que nossos casamentos (e toda a nossa vida) façam que Jesus *seja revelado como* nosso Senhor, nosso Salvador e nosso tesouro, porque ele é nosso Senhor, nosso Salvador e nosso maior tesouro. Queremos que nossos casamentos contem, de forma consistente e bela, a história do evangelho, da longanimidade, do altruísmo e do amor fiel de Deus pelos pecadores. Queremos que nossos casamentos nos tornem mais parecidos com Cristo, moldando-nos lenta mas seguramente em algo novo, diferente e sagrado. Quando procuramos alguém com quem possamos casar, não estamos procurando, em primeiro lugar, por algo físico, financeiro, conveniente ou divertido. Estamos procurando por Deus uns nos outros e em nosso futuro juntos.

Uma parte da clareza que precisamos ter em nossos próprios corações é o senso subjetivo e pessoal do chamado — o senso de que nosso desejo de casar com determinada pessoa é um desejo *bom*, um desejo que resulta da obra de Deus em nós, e não um desejo ruim que ainda espera para ser redimido e remodelado por Deus. Temos de indagar a nós mesmos se queremos casar com essa pessoa principalmente porque queremos Deus, ou se Deus é mais um parente distante nesse relacionamento de namoro. Davi diz: "Agrada-te do Senhor, e ele satisfará os desejos do teu coração" (Sl 37.4). Quando Deus é nossa maior alegria — nosso maior desejo e nossa maior prioridade —, podemos começar a confiar nos desejos de nosso coração. Se Deus sempre vem em segundo ou terceiro lugar em nosso coração, então nossos desejos não podem ser confiáveis. Quando namoramos, estamos procurando um senso de chamado e convicção de que esse relacionamento é de Deus e de que esse casamento também seria para Deus.

Como podemos saber que essa é a pessoa certa? Primeiro, você precisa perguntar se *Deus* é único para você.

Cada um de vocês ama a Deus mais do que ama um ao outro? Sua carne vai *querer* desesperadamente ser o número um no coração de sua cara-metade, mas você precisa de alguém que não deixe você ocupar esse lugar. Você precisa de um marido ou de uma esposa que possa permanecer em casamento por cinquenta anos e ainda ir para o túmulo amando Jesus mais do que você. Só então, essa pessoa terá a perspectiva de amar você bem, no namoro e no casamento. Ela pode fazer todos os tipos de coisas para você se sentir bem consigo — pode falar de sua beleza, comprar todas as coisas que você deseja possuir, pode fazer qualquer coisa, sempre que quiser atender aos seus desejos ou às suas necessidades —, mas não pode amar você bem, a menos que você não seja seu primeiro amor. No entanto, se o amor daquela pessoa por você for uma expressão do amor dela por Deus, ela estará sobrenaturalmente focada e equipada para amar você em todas as necessidades e circunstâncias diárias do casamento.

ATRAÇÃO FÍSICA

Portanto, antes que ele (ou ela) possa ser a pessoa certa, Deus deve ser o único em sua vida. Quão importante, então, a atração física deve ser na busca por clareza? Ou qual papel (se houver algum) a aparência física deve desempenhar no namoro cristão? Ao longo dos anos, diferentes caras me fizeram essa pergunta. Em geral, ele respeita ou admira uma jovem mulher piedosa (ou, talvez com mais frequência, outras pessoas em sua vida pensam que ele *deveria* admirá-la mais), mas, ainda assim, ele não se sente fisicamente atraído por ela. Ela não é o tipo dele, diz e, então, pergunta: "Mesmo assim, devo procurar me aproximar dela?"

Em geral, respondo que não. Ou, pelo menos, ainda não. Em face das suposições e das práticas em nossa sociedade atual, inclusive na igreja, não acredito que um homem (ou uma mulher) deva começar um relacionamento de namoro com alguém por quem não se sente fisicamente atraído. Se ele admira outros aspectos nessa mulher, sou favorável a que crie laços de amizade com ela, conhecendo-a de forma segura, inequívoca, sem flertar com ela (provavelmente em grupo). Mas acredito que a atração física, pelo menos na maior parte dos casos, é um fator decisivo para namorar ou casar com alguém.

Por outro lado, também acredito que a atração física é algo bem mais profundo e dinâmico (até mesmo espiritual) do que tendemos a pensar. Não é algo estático ou objetivo. A atração real, significativa e duradoura é muito mais do que física. Então, por exemplo, a aparência física de uma mulher desempenha apenas um papel no que a torna atraente ou interessante. Seu papel é relevante à primeira vista, quando tudo que você sabe sobre ela é o que consegue ver, antes até mesmo de saber seu nome ou ouvir sua voz. Mas seu papel necessariamente vai evoluir à medida que for aprendendo mais sobre ela. Depois de aprender mais — perguntando a seus amigos, ouvindo-a falar ou acompanhando o modo como ela vive —, você nunca voltará a vê-la como apenas aquela pessoa que viu lá no início. Quanto mais você aprender sobre ela, mais sua aparência será preenchida, para melhor ou para pior, por um significado novo e mais profundo — sua personalidade, suas convicções, seu senso de humor e sua fé. A garota outrora deslumbrante pode perder a maior parte do charme, e facilmente aquela garota ignorada pode tornar-se inegavelmente bela. Ambas têm a mesma aparência de antes e, ao mesmo tempo, não. Você as vê, inclusive sua aparência física, de uma forma diferente agora.

A atração física é real, mas dinâmica. Deus nos capacitou a apreciar a beleza de seu design — a encontrar pessoas do gênero oposto fisicamente atraentes —, e esse é um fator real e importante em nossa busca por casamento e, eventualmente, em nosso florescimento dentro da aliança. Deus nos deu sentidos físicos e desejos para nosso bem. Mas a fé mútua em Jesus Cristo deve ser a coisa mais impressionante e atraente em qualquer cônjuge em potencial. "Enganosa é a graça, e vã, a formosura, mas a mulher que teme ao Senhor, essa será louvada" (Pv 31.30). Por que Salomão precisa dizer isso? Porque a beleza física e o charme são naturalmente atraentes. Mas, sem fé, desaparecem — e rápido.

Os cristãos deveriam cultivar corações que sejam mais atraídos pela fé e pelo caráter do que por qualquer outra coisa. Como homens e mulheres piedosos, deveríamos considerar a piedade incrivelmente atraente. Na verdade, aos nossos olhos e em nossos corações, deveria ser o aspecto mais atraente nas pessoas mais atraentes. O mundo à nossa volta vai pregar que a beleza física é tudo, mas nós sabemos e desejamos coisa melhor. De todas as pessoas no mundo, nós deveríamos ser as mais livres da escravidão à aparência física e à excitação sexual. Quando colocamos nossos olhos e nosso coração em Cristo, devemos ser cada vez mais capazes de ver, através das aparências transitórias e evanescentes, aquilo que é verdadeiramente belo — as qualidades que imitam Jesus e antecipam o céu. As qualidades que se tornam melhores com a idade.[10]

DEUS DEIXARÁ ISSO BEM CLARO

Nossos corações e nossa comunidade não bastam para nos dar a clareza de que precisamos. Nossos corações falarão (o chamado), nossos amigos falarão (a comunidade) e Deus falará (a oportunidade). Na verdade, Deus fala nas três formas, mas, às vezes, fala mais claramente da através da última. No entanto, raramente paramos para escutá-lo. Você pode se apaixonar por alguém, e sua família e seus amigos podem considerar uma boa ideia — e, mesmo assim, pode não dar certo. Talvez ela não corresponda ao seu amor. Ela prefere que vocês sejam apenas amigos. Talvez ele namore e case com outra pessoa. Talvez ele se mude um lugar distante, para estudar ou trabalhar, e a distância pareça demais para ele. Deus torna clara sua vontade ao esclarecer as coisas em nossos corações, mas também deixa clara sua vontade de outras maneiras. Ele cria uma oportunidade, ou a retira. O Senhor dá, o Senhor tira (Jó 1.21).

---

10 Para mais sobre o papel da atração física, leia meu artigo "O papel da atração física no namoro", Voltemos ao Evangelho. Disponível em https://voltemosaoevangelho.com/blog/2020/12/o-papel-da-atracao-fisica-no-namoro.

Isso parece cruel? Por que Deus nos daria um bom desejo por algo (ou por alguém) e, depois, não daria esse algo ou alguém a nós? Uma das coisas mais importantes que devemos aprender sobre seguir Jesus é que há milhares de boas respostas a essa questão. Se Deus retém algo de bom de nós, não é porque queira nos ferir (Rm 8.28). Nunca. É porque ele quer o melhor para nós. Não parta do pressuposto de que um bom desejo confirmado por seus melhores amigos seja algo realmente bom para você. Confie suficientemente em Deus, em sua total sapiência e em seu amor infalível por você, de modo a deixá-lo fazer sua vontade em sua vida de três formas (altura, largura e *profundidade*) antes de se mover na direção do casamento.

AS PERGUNTAS QUE VOCÊ FAZ

Busque clareza e adie a intimidade. Como isso funciona na prática? Um bom teste para você ver se está buscando clareza ou intimidade é analisar as questões que você e seu namorado (ou sua namorada) fazem no namoro. Nós fazemos perguntas diferentes quando estamos atrás de clareza ou de intimidade.

- Até onde podemos ir?
- Que tipo de toque é permitido?
- Ele é suficientemente cristão para eu namorá-lo?

Em contraposição:

- Ele ama Jesus mais do que ama a mim?
- Ela costuma cumprir suas promessas?

- Consigo vê-lo exibindo autocontrole ou ele se mostra comprometido em buscar aquilo que ele quer?
- Ela está disposta a me chamar a atenção de forma amável quando estou errado?

Relacionamentos saudáveis ainda podem precisar fazer perguntas da primeira série, mas essas perguntas estarão no final da lista. Quando estamos atrás de intimidade sem clareza, recorremos ao primeiro conjunto de questões e, com frequência, negligenciamos ou minimizamos o segundo. Mas, quando estamos buscando clareza, começamos a fazer novas perguntas. Aqui estão alguns exemplos de perguntas que você e seu namorado (ou namorada) podem fazer em sua busca por clareza:

- O que vocês aprenderam de novo um sobre o outro nos últimos tempos?
- De que forma cada um de vocês cresceu em seu relacionamento com Jesus desde que começaram a namorar?
- Vocês dois estão comprometidos em se abster de imoralidade sexual?
- Quais alertas outras pessoas apontaram no relacionamento de vocês dois?
- O que está impedindo vocês dois de se casar?
- Cada um de vocês está sendo movido pelos próprios desejos ou pelos desejos de Deus em relação a vocês?
- De que forma o relacionamento de vocês é diferente dos relacionamentos no mundo em geral?

Perguntas dessa natureza são capazes de revelar o que realmente queremos no namoro e em que ponto estamos deixando Jesus para trás. São como os para-choques que nos mantêm distantes do meio-fio, protegendo-nos da impaciência e da impureza. Mas também funcionam como instrumentos do verdadeiro amor — como peças que mantêm nosso carro na estrada para o casamento, deixando-nos concentrados no lugar para o qual estamos indo e no que realmente importa.

CAPÍTULO 13
LIBERDADE SEXUAL E PUREZA

Eu não era virgem no dia do meu casamento. A maioria das pessoas provavelmente afirmaria ser. A rigor, eu deveria ser. Cresci em um lar cristão sólido, cheio de graça, um lar que crê na Bíblia, com uma mãe e um pai que me amavam e estavam presentes cada um à sua maneira. Eles me ensinaram a confiar em Jesus e segui-lo, a discernir entre o certo e o errado, e a exercer paciência e autocontrole. Eu tive ótimo amigos cristãos, irmãos em Cristo que caminhavam ao meu lado, encorajando-me, tentando me chamar à responsabilidade e me apontando para Jesus e para a cruz. Eu vivi a fórmula da pureza sexual. Mas, antes de terminar o ensino médio, eu já fazia sexo. Ninguém soube disso por mais de dois anos — ninguém, exceto eu, a garota que não preservei nem protegi e Deus.

Nunca vou me esquecer do dia em que meu amigo, amavelmente, me confrontou, descobrindo a escuridão egoísta de meu pecado, e me ajudou a iniciar uma caminhada rumo ao perdão e à liberdade. Os próximos anos foram um misto de vitória e derrota na batalha por pureza — algumas vezes, lutando uma boa luta e amando as garotas com quem eu namorava; outras vezes, falhando em obedecer ao meu Salvador e em honrar minhas irmãs em Cristo. Odeio meu passado sexual, e lamento isso o tempo todo no casamento. Eu gostaria de poder refazer cada passo cheio de adrenalina que dei na direção do romance e da intimidade, e curar todas as feridas que infligi a outras pessoas. Eu gostaria de ter feito Jesus parecer real, confiável e gratificante em todos os meus encontros. Eu gostaria de poder voltar no tempo e me guardar para Faye. Eu gostaria de poder dar a ela o presente inspirador e inestimável que ela me deu. Eu gostaria de poder começar tudo de novo.

Mas, estranha e belamente, Faye diria que não trocaria nada a respeito do meu passado. Isso provavelmente lhe causa muito mais sofrimento do que ela já teve na vida, mas nós cremos que, juntos, vimos e experimentamos Jesus nesta estrada, mais do que poderíamos ver ou experimentar se estivéssemos sozinhos. O evangelho é *tão* estranho, *tão* belo e *tão* poderoso! Este capítulo é um grito de guerra para a abnegação, a generosidade e a paciência na sexualidade. Quer você nunca tenha tido uma experiência sexual, quer já tenha se entregado mais vezes do que consegue contar, hoje pode começar a amar seu futuro cônjuge e gozar a graça de Deus na pureza sexual.

GENEROSIDADE ALTRUÍSTA

Na Bíblia, minha passagem favorita sobre sexo não é realmente sobre sexo (e há muitas sobre sexo). Paulo escreve:

> Se há, pois, alguma exortação em Cristo, alguma consolação de amor, alguma comunhão do Espírito, se há entranhados afetos e misericórdias, completai a minha alegria, de modo que penseis a mesma coisa, tenhais o mesmo amor, sejais unidos de alma, tendo o mesmo sentimento. Nada façais por partidarismo ou vanglória, mas por humildade, considerando cada um os outros superiores a si mesmo. (Fp 2.1-4)

O sexo foi feito para ser altruísta, para ser um presente que damos ao nosso esposo ou à nossa esposa — e somente a ele ou a ela. Paulo escreve: "O marido conceda à esposa o que lhe é devido, e também, semelhantemente, a esposa, ao seu marido" (1Co 7.3). O marido *dá* sexo à sua esposa e a esposa *dá* sexo ao seu marido. Os dois *não* olham apenas para seus próprios interesses, mas para o interesse do outro. Nenhum deles *tirando* do outro. Ainda que Paulo mencione seus direitos, ele não manda que os cônjuges os exijam. Ele está encorajando a generosidade sexual altruísta — especificamente e apenas entre esposo e esposa —, ou seja, ir para a cama para agradar o outro, e não a si próprio. Quando o sexo se volta à abnegação, e não à autogratificação, fazemos o que é melhor por nosso namorado (ou namorada) e por nosso futuro cônjuge, mesmo quando isso significa rejeitar nosso namorado ou os desejos prematuros da namorada por intimidade sexual. Dessa forma, não nos escravizamos aos *nossos* desejos, libertando-nos para servir uns aos outros em amor.

É assim que você pensa sobre sexo? Se você cresceu assistindo a programas na TV e filmes convencionais, provavelmente não. A lição que ouvimos e vemos no mundo é que sexo é divertido e até mesmo valioso, embora seja egoísta e fugaz. O "amor" sexy e irresistível de Hollywood mistura sedução, escândalo e paixão. Isso sugere que o *melhor* amor é encontrado no amor proibido e com tantos amantes quantos forem possíveis. Pegue o seu — você "precisa" dele, e o merece —, mas não confie em ninguém. E não se surpreenda se ele for embora logo depois de conseguir o que queria. Apenas siga em frente.

A mídia diz que os homens têm impulsos sexuais incontroláveis, os quais precisam ser satisfeitos de qualquer forma. As mulheres ou são objetos indefesos de seus desejos ou, então, usam a própria sexualidade como um instrumento para exercer poder e influenciar os homens. No mundo de hoje, a educação sexual típica que recebemos só produz ideias caídas e egocêntricas sobre sexo, e as falsas ideias produzem decisões equivocadas, e as más decisões, por sua vez, geram vergonha, culpa e desesperança. Não é o *sexo* que gera isso. Você sabe o que é? O sexo, tal como Deus planejou e nos deu para desfrutar no casamento, gera *vida*, esperança e amor para Jesus. O sexo falsificado — o sexo distorcido, plagiado, o sexo autogratificante — rouba a vida e o prazer, seus objetivos iniciais.

Conforme Paulo diz em Filipenses 2, nós vemos que o evangelho apresenta um painel bem diferente para nossa vida, até mesmo para nossa vida sexual:

> Tende em vós o mesmo sentimento que houve também em Cristo Jesus, pois ele, subsistindo em forma de Deus, não julgou como usurpação o ser igual a Deus; antes, a si mesmo se esvaziou, assumindo a forma de servo, tornando-se em semelhança de homens; e, reconhecido em figura humana, a si mesmo se humilhou, tornando-se obediente até à morte e morte de cruz. (Fp 2.5-8)

E se fôssemos capazes de amar nosso namorado ou nossa namorada (e nosso futuro marido ou nossa futura esposa) dessa forma? Quando Paulo estava tentando descrever o amor cristão, desenhou uma cruz. Quando estamos fazendo perguntas sobre como namorar e onde estabelecer os limites sexuais, devemos traçar uma cruz. A cruz foi o maior ato e a maior expressão de amor que o mundo já conheceu, e é o molde para nossos relacionamentos e para nossa busca por pureza sexual. Se nosso amor um pelo outro parece egoísta — se está acostumado a receber, em vez de dar —, simplesmente não é amor. Mas, se pretendemos amar um ao outro como Cristo nos amou na cruz, vamos evitar muita imoralidade sexual, muita confusão e muita dor de cabeça, coisas que são tão comuns no namoro. Vamos amar nosso namorado ou nossa namorada o suficiente para dizer não. E se nosso amor fosse tão *forte* que nos libertaria de ceder de forma egoísta no momento ou de tirar alguma coisa do outro cedo demais? O amor verdadeiro — o amor mais puro, mais completo e agradável — foi projetado por Deus para nosso bem e, então, exibido por Deus na cruz. Esse é o tipo de amor que precisamos no casamento — abnegação, generosidade e paciência sexual —, razão pela qual esse é o tipo de amor que também devemos procurar e esperar no namoro.

O SEXO É SEMPRE UMA GUERRA

Precisamos ver que o sexo é uma dádiva preciosa que nos é dada por um Deus criativo e generoso. "Eis por que deixará o homem a seu pai e a sua mãe e se unirá à sua mulher, e se tornarão os dois uma só carne. Grande é este mistério, mas eu me refiro a Cristo e à igreja" (Ef 5.31-32). O sexo — os dois se tornando *um* só no casamento — foi-nos dado para nos dizer algo sobre o amor, a intimidade e a confiança que experimentamos com Deus por meio de Cristo. Nossa relação com Deus não é sexual, mas o sexo no casamento — como o ato mais profundo, mais vulnerável e mais sagrado que duas pessoas podem desfrutar juntas nesta vida — é uma imagem impressionante da altura, do comprimento, da largura e da profundidade do amor de Deus por nós. É um presente. Tim Keller diz: "O ensino cristão é que o sexo é principalmente uma forma de conhecer a Deus e, se você usá-lo para essas coisas, e não para sua própria satisfação pessoal, conduzirá a uma realização maior do que você é capaz de imaginar".[11]

Mas, se pensarmos nisso apenas como uma dádiva para nós, tenderemos a considerá-lo garantido ou liberá-lo

---

11 Keller, *Meaning of Marriage*, 222.

cedo demais. Também precisamos ver que o sexo envolve uma guerra — não uma guerra dos sexos, mas uma guerra entre o bem e o mal. Paulo escreve:

> (...) *mas, por causa da impureza,* cada um tenha a sua própria esposa, e cada uma, o seu próprio marido. O marido conceda à esposa o que lhe é devido, e também, semelhantemente, a esposa, ao seu marido. A mulher não tem poder sobre o seu próprio corpo, e sim o marido; e também, semelhantemente, o marido não tem poder sobre o seu próprio corpo, e sim a mulher. Não vos priveis um ao outro, salvo talvez por mútuo consentimento, por algum tempo, para vos dedicardes à oração e, novamente, vos ajuntardes, *para que Satanás não vos tente* por causa da incontinência. (1Co 7.2-5)

Uma boa razão para nos casarmos é que, assim, rejeitamos as mentiras de Satanás sobre imoralidade sexual e procuramos satisfazer nossos desejos por sexo e intimidade de uma forma saudável, uma forma que exalte a Cristo. Essa é uma boa razão para casar, e é uma boa razão para esperar pelo sexo apenas depois do casamento. O sexo dentro do casamento é um incrível ato de guerra espiritual. Todo o resto — qualquer atividade sexual fora das promessas do casamento — implica lutar na equipe adversária. Satanás roubou o sexo e o distorceu em algo horrível e perigoso. A ideia de sexo que Satanás vende é uma falsificação — uma imagem de cera derretida da coisa real.

Em vez de comunicar a beleza e a glória de Deus, exibe os perigos de se opor a ele e de corromper suas boas dádivas. O sexo que rejeita Deus rejeita sua *própria* bondade. E perde de vista o verdadeiro aspecto e o verdadeiro prazer do sexo integral.

Satanás faz com que o pecado sexual pareça divertido e inofensivo. Em uma sociedade que minimiza a maldade do mal e até mesmo o envolve em glamour, precisamos ser regularmente lembrados dos riscos do pecado. Como uma criança que descobre uma agulha na rua e pensa que é um brinquedo, podemos ser perigosamente ingênuos acerca da gravidade da imoralidade sexual. O pecado é uma agulha que conduz aos vícios mortais e mata suas vítimas. Não é o brinquedo que finge ser. Ele perfura, silenciosa e profundamente, ao máximo, as partes vulneráveis e mais duradouras de nós. E, independentemente da embalagem — romântica, excitante e culturalmente aceito —, não é seguro. O pecado promete agradar, mas, sutilmente, ele destrói. "Muitas serão as penas dos que trocam o Senhor por outros deuses" (Sl 16.4). Se você for realmente uma pessoa honesta, não precisa ser persuadida disso. Qualquer pessoa que já experimentou o pecado sabe que é um amante desonesto e infiel. O pecado se apresenta — muitas vezes, de forma convincente — como gratificante, confiável e duradouro. Em vez de abrandar o desejo em nossas almas, intensifica-o. Não satisfaz nossa fome; apenas a estimula. O pecado promete produzir felicidade, mas só cria e multiplica dor, tristeza, arrependimento e vergonha.

O pecado que se assemelha a prazer é apenas uma sombra de algo muito mais intenso e gratificante.

> O Senhor, tenho-o sempre à minha presença; estando ele à minha direita, não serei abalado. Alegra-se, pois, o meu coração, e o meu espírito exulta; até o meu corpo repousará seguro. Pois não deixarás a minha alma na morte, nem permitirás que o teu Santo veja corrupção. Tu me farás ver os caminhos da vida; na tua presença há plenitude de alegria, na tua destra, delícias perpetuamente. (Sl 16.8-11)

Não há dúvida: quando cedemos aos desejos da carne num relacionamento, temos uma espécie de sensação ou mesmo de prazer. O pecado não teria força sobre nós se isso não fosse verdade. A promessa que estamos esquecendo ou rejeitando, porém, é que aquele tanto de prazer recebido quando pecamos é breve e irrisório em comparação com o oceano de prazer que teremos na presença de Deus.

GRAÇA CARA E SEXO BARATO

O altruísmo sexual, a generosidade e a paciência se assemelham ao amor de Jesus por nós na cruz, e também olham *para* esse amor e para esse sacrifício como uma esperança que os impele e incentiva. Paulo escreve:

> Fugi da impureza. Qualquer outro pecado que uma pessoa cometer é fora do corpo; mas aquele que pratica a

> imoralidade peca contra o próprio corpo. Acaso, não sabeis que o vosso corpo é santuário do Espírito Santo, que está em vós, o qual tendes da parte de Deus, e que não sois de vós mesmos? Porque fostes comprados por preço. Agora, pois, glorificai a Deus no vosso corpo. (1Co 6.18-20)

Quando você começa a se sentir sobrecarregado pela tentação e os desejos que atormentam seu interior, lembre-se de que você foi comprado por um preço pago integralmente com sangue. Infelizmente, muitos de nós pegamos a compra da graça a um custo infinito e, de forma insensata e suicida, atrai para si mais pecado. Limitamo-nos a partir do pressuposto de que Jesus nos perdoará — novamente. Mas a cruz — aquelas duas vigas de madeira assassina transformadas em graça — nos chama para fazer o exato oposto. Deus gastou o sangue precioso e sem pecado de seu único Filho não apenas para perdoar nossos pecados, mas também para nos manter longe deles. Ele queria que nós víssemos os espinhos em sua cabeça, a carne dilacerada em suas costas e as unhas em seus pulsos, e, então, corrêssemos como loucos para bem longe do pecado. Quando começamos a perceber que nunca seremos capazes de compreender a plenitude do amor que Deus revelou nas chagas de Jesus, em sua agonia, em seu último suspiro, temos medo de nos comportar de uma forma que faça esse preço parecer barato. E nossa imoralidade sexual faz a cruz parecer barata, como se a redenção fosse uma mercadoria em liquidação.

Mas, quando escolhemos buscar a pureza e postergar a intimidade, o sacrifício de Jesus nos parece de alto preço, como o bem mais caro e precioso que sejamos capazes de possuir. Quando não ultrapassamos os limites, proclamamos o valor inestimável de cada uma de suas feridas. Quando mantemos nossas vestes e nossas mãos livres de errar, celebramos a imensurável misericórdia que ele carregou em suas costas dilaceradas pelas chicotadas. Quando decidimos ser prudentes no namoro e esperar, voltamos a declarar que ele realmente ressuscitou dos mortos e está reinando nos céus. Nossa pureza sexual também fará com que a cruz pareça real e valiosa, ou não.

Com os olhos fixos alegremente em Jesus, o sacrifício por nosso pecado de uma vez por todas, ele será honrado em nossos corpos, quer estejamos solteiros, quer já estejamos casados. Olhando para a cruz e para tudo que Jesus pagou para nos tornar seus, confiamos em Deus para nos dar a graça e a coragem necessárias para resistir aos nossos impulsos de desonrá-lo e envergonhar a cruz; em vez disso, usamos nossos corpos, dados por Deus e cheios de graça, para glorificá-lo, ajudando outras pessoas a ver a beleza de sua força, de sua sabedoria, de seu amor e de sua suficiência. A todo segundo que negamos nossos desejos sexuais egoístas, estamos dizendo que confiamos nele mais do que confiamos em nós mesmos, e que ele é mais que suficiente para nós.

NAMORE ALGUÉM QUE CONHEÇA DEUS

De uma forma bem simples, devemos namorar pessoas que conhecem Deus. Paulo diz: "Pois esta é a vontade de Deus: a vossa santificação, que vos abstenhais da prostituição;

que cada um de vós saiba possuir o próprio corpo em santificação e honra, não com o desejo de lascívia, como os *gentios que não conhecem a Deus*" (1Ts 4.3-5). Os gentios — as pessoas que estão no mundo e não estão em Cristo — estão envolvidos em toda espécie de desvario sexual, e isso faz sentido, porque eles não conhecem Deus. Devemos esperar que eles vão longe e depressa demais — brincando aleatoriamente com uma pessoa numa festa ou dormindo com a terceira ou a quarta pessoa em um mês, ou indo morar com o namorado ou a namorada. Se Deus não está em cena, o sexo pode ser um deus tão bom quanto qualquer outro. Ainda vai falhar para sempre, mas isso não os perturba, porque eles não creem em Jesus ou no pecado, no céu ou no inferno. Acreditam no *aqui e agora*, em aproveitar a vida aqui na terra ao máximo, por quanto tempo isso lhes for possível.

Mas nós conhecemos melhor essa realidade. Sabemos que pecado, morte e inferno são reais, assim como é real o teto sobre nossa cabeça, a conta do telefone do mês passado e a existência do Grande Cânion. Não são apenas ideias que pairam em nossas aulas de filosofia. São realidades que pairam sobre cada centímetro de nossas vidas, inclusive sobre nossa vida sexual. Vivemos cada momento à sombra de um verdadeiro criador e verdadeiro juiz, aquele que conhece todos os nossos pensamentos e todos os nossos movimentos. Sabemos que nada merecemos, em razão de nosso pecado; que merecemos a destruição consciente, implacável e inescapável: "Sabei, pois, isto: nenhum incontinente, ou impuro, ou avarento, que é idólatra, tem herança no reino de Cristo e de Deus" (Ef 5.5). Sabemos também que Cristo veio para morrer — a coroa de espinhos, o chicote cheio de pedras, os pregos em suas mãos e em seus pés, a ira terrível de Deus — por *nosso* pecado, para nos resgatar do pecado.

Deus fez cada um de nós e foi ele quem inventou o sexo; por que, então, agimos como se soubéssemos mais que ele? *Deus* nos adverte para o fato de que a imoralidade sexual conduz a dor, vergonha, escravidão e, finalmente, juízo; por que arriscamos tanto por um pouco de prazer imediato? *Deus* comprou nosso perdão, nossa liberdade e nossa pureza com o sangue do próprio Filho — por um preço infinito; por que, então, lançamos mais pecado sobre seus ombros e colocamos ainda mais fundo os pregos em suas mãos e em seus pés? *Deus* espera de braços abertos para nos dar boas-vindas numa aventura de paz e felicidade sem-fim com ele; por que, então, trocamos isso por alguns segundos de satisfação? Lamentavelmente, alguns de nós fazem isso. A tentação nos vence nos momentos de fraqueza. Mas Paulo diz que o que já sabemos sobre Deus é suficiente para nos manter longe do pecado sexual. Conhecer Deus — seu poder soberano, sua misericórdia surpreendente, seu amor sacrificial, sua amizade que em tudo satisfaz — é ter em mãos as chaves da pureza sexual, mesmo em uma sociedade ensandecida pelo sexo. Ao manter os olhos e o coração voltados para o alto, "o amor de Cristo nos constrange" (2Co 5.14); "que cada um de vós saiba possuir o próprio corpo em santificação e honra, não com o desejo de lascívia, como os gentios que não conhecem a Deus" (1Ts 4.4-5). Revestimo-nos de altruísmo, generosidade e paciência sexual.

FRACASSO SEXUAL

Para alguns, tudo isso significa aprofundamento naquilo que você já busca e pratica. Outros estão passando por um momento difícil ao ler este capítulo, por causa das escolhas pecaminosas que já fizeram. Agora você sabe, mais do que nunca, quanto estava errado. Essa é a minha história. Estas foram as páginas mais arrasadoras para escrever. Eu não pude dar a Faye o presente de uma vida inteira de paciência e pureza sexual. Em vez de esperar com ansiedade o sexo pela primeira vez juntos, tive de confessar que eu já experimentara. Que ela não seria minha primeira experiência.

Nunca me esqueço de onde nós estávamos no dia em que contei a Faye sobre meu passado. Começamos a namorar no dia 1º de maio e, um ano mais tarde, no dia 2 de maio, tivemos a conversa mais dura de nossas vidas. Eu podia conduzir você até o lugar na praia em que lutei por mais de trinta minutos para conseguir que nosso guarda-sol ficasse de pé no vento. Por fim, fui forçado a ceder e depositá-lo no chão. Eu me lembro da camiseta Iron Man que ela vestia. Sempre me lembrarei do dia 2 de maio, em parte, por causa do quebrantamento que levei para ele. Não tenho certeza se o peso do meu pecado já pareceu tão grande quanto naquele dia. Eu a amava. Queria que ela me amasse e quisesse casar comigo. Mas ela ainda não vira tudo a meu respeito, e eu não sabia qual seria sua reação a essa situação. Sabia que ela se guardara para seu marido. Eu estava pronto para ela me dizer que estava tudo acabado.

No entanto, a principal razão para o dia 2 de maio ter ficado marcado em minha memória foi sua reação ao meu passado. Meu histórico de pecados caiu pesado sobre ela. Ela ficou triste, com o coração partido. Mas Deus! Hoje, quando Faye descreve isso, diz que uma onda de graça caiu sobre ela naquele momento, como nunca acontecera. Ela sentiu a proximidade de Deus, inesperada e inegável. Ela ouviu. Vivenciou o luto. Depois, simplesmente, com muito amor, expressou sua esperança inabalável *em* Jesus *por* mim. Havia muito tempo, o evangelho era real para mim, mas nunca tão real quanto naquele momento. Seu coração e suas palavras deram um novo sentido a tudo. Era como se eu tivesse olhado para um oceano por toda a vida, deliciando-me com todas as tonalidades de azul, amando os ritmos de paz e força, ocasionalmente avistando um veleiro ou até mesmo um golfinho. De repente, passei a sentir o *cheiro* da água refrescante do mar e o *sabor* do sal no ar, conseguia *ouvir* as ondas arrebentando e as gaivotas sobrevoando, e *sentia* a areia com a água passando pelos meus pés. Eu conhecia o evangelho, cria no evangelho e até mesmo *amava* o evangelho. Mas agora estava imerso nele, até o pescoço, caminhando cada vez mais fundo com minha melhor amiga e futura noiva.

Se você já falhou sexualmente (ou pecou de alguma outra forma), Deus ainda pode lavá-lo em graça desse jeito, não importando como seu namorado ou sua namorada vai reagir ao seu passado. A graça não anula os pecados que cometemos, mas os redime e faz com que trabalhem para nosso bem. Nunca ignora ou diz "tudo bem" ao pecado sexual (Rm 6.1-2). Mas cobre todo pecado que foi perdoado, lançando para longe, tão longe quanto o Oriente fica do Ocidente, para as profundezas ocultas e esquecidas do mar (Mq 7.19). Nosso pecado sexual cometido no passado não pode vencer o amor soberano demonstrado por nós na cruz, e não pode impedir-nos de sentir a mais pura alegria, inculpável e eterna — isso se você crer naquele que tomou seu pecado por você, até mesmo o pecado sexual, e se arrepender, buscando a pureza, por sua graça, em sua força.

CAPÍTULO 14

ATOS DE GUERRA NO AMOR

Minha esposa e eu amamos praia. Ela morava perto de uma dúzia de praias lindas nos arredores de Los Angeles antes de eu arrebatá-la para Minnesota, um local cheia de nevasca. Temos água em Mineápolis — só que ela fica congelada durante metade do ano. Uma parte de aproveitar a praia, pelo menos na Califórnia, consiste em apreciar o sol. Aqui também temos tempo como eles — céu azul, sol escaldante, brisa suave —, pelo menos duas ou três semanas ao ano. Mais de metade do prazer de aproveitar a praia, contudo, consiste na possibilidade de estar assim *tão* perto de algo tão grande. Algo acontece no fundo de nosso ser quando deixamos a água correr sobre nossos pés e contemplamos as ondas que se estendem para muito além de nossa imaginação. Estima-se que o Oceano Pacífico contenha cerca de 708 *quintilhões* (dezoito zeros) de litros de água. Os cientistas descobriram pelo menos um lugar no oceano de quase *onze quilômetros* de profundidade. E, nós podemos brincar com segurança perto desse abismo na Praia de Newport, mergulhando tranquilamente em um poder e um mistério aparentemente infinitos.

Como algo tão grandioso é, ao mesmo tempo, tão seguro para nós? É seguro porque Deus o segura com sua palavra. O Senhor diz a Jó:

> Ou quem encerrou o mar com portas, quando irrompeu da madre; quando eu lhe pus as nuvens por vestidura e a escuridão por fraldas? Quando eu lhe tracei limites, e lhe pus ferrolhos e portas, e disse: até aqui virás e não mais adiante, e aqui se quebrará o orgulho das tuas ondas? (Jó 38.8-11)

Deus criou algo gigantesco e poderoso como o oceano para nos mostrar uma pequena imagem de seu poder. Ele quis nos dar categorias para *sua* grandeza e majestade. Então, desenhou uma linha na areia e disse às ondas que não podiam ir além dela: "quando firmava as nuvens de cima; quando estabelecia as fontes do abismo; quando fixava ao mar o seu limite, para que as águas não traspassassem os seus limites; quando compunha os fundamentos da terra" (Pv 8.28-29). Colocou limites para mostrar que as ondas lhe pertencem, para dizer que as ondas são dele, dizer que ele é soberano, criativo e sábio — e totalmente confiável.

Deus realiza o mesmo tipo de obra no casamento e no namoro. Ao nos aproximarmos do casamento, chegamos perto de algo bem maior que nós! Há poder e mistério no amor desse tipo. É um retrato vibrante do amor que Deus nos mostrou ao enviar seu Filho, amor mais vasto e profundo do que o Oceano Pacífico. Deus projetou o amor no casamento, como galões e mais galões de água do oceano, para nos mostrar como é insondável *seu* amor por nós. Jamais seríamos capazes de contê-lo ou conhecê-lo por completo. Como o amor dentro de um pacto é tão grande, tão intenso e tão cativante, ele estabeleceu um limite, uma linha costeira. Ele traçou a linha na areia para nossa segurança e para assegurar nossa felicidade no casamento.

Estabelecer bons limites no namoro consiste em reconhecer e apreciar o limite gigantesco do próprio Deus. Qualquer mulher que não seja sua esposa não é sua mulher. Qualquer homem que não seja seu marido não é seu marido. "Cada um tenha a sua própria esposa, e cada uma, o seu próprio marido" (1Co 7.2). Nada de quase maridos, quase esposas, nada de casamentos de apenas um dia. Deus pretende que *um* homem seja unido a *uma* mulher nas promessas do casamento, e ele quer que tenhamos prazer na intimidade conjugal, especialmente intimidade e prazer sexual, mas somente no contexto dessas promessas. O sexo está reservado aos oceanos profundos do casamento, e não a um mergulho aleatório na água rasa do namoro.

Mas Satanás ainda conta as mesmas mentiras que contava no jardim quando ele convenceu Adão e Eva a comer do fruto. Deus disse a Adão: "De toda árvore do jardim comerás livremente, mas da árvore do conhecimento do bem e do mal não comerás; porque, no dia em que dela comeres, certamente morrerás" (Gn 2.16-17). Vocês podem comer de toda árvore, à exceção de uma. Satanás tomou a infinita criatividade e generosidade do Pai e fez com que soasse mesquinha. "Disse à mulher: 'É assim que Deus disse: não comereis de toda árvore do jardim?'" (Gn 3.1). Você consegue ouvir a manipulação e o engano — fazendo com que a liberdade parecesse escravidão? Por que Deus disse para eles não comerem daquela única árvore? "Porque, no dia que dela comeres, certamente *morrerás*." Ele não procurava privá-los. Estava buscando *salvá-los*. Satanás tomou a sabedoria e o amor infinitos do Pai, fazendo com que seu discurso soasse exageradamente protetor. "Então a serpente disse à mulher: 'É certo que não morrereis'" (Gn 3.4). Satanás fez com que o suicídio parecesse inofensivo. Ainda hoje, ele fala as mesmas mentiras em relação ao namoro. Ele toma a sabedoria e o amor dos bons limites e os faz parecer mesquinhos, exageradamente protetores e desnecessários.

REDEFINIR OS LIMITES

O que realmente procuramos no namoro (ou em toda a nossa vida)? O que buscamos assegurar ou aproveitar nesse relacionamento? Se a resposta honesta for afeto e intimidade, nenhum limite será suficiente para nos guardar por completo. Podemos colocar todas as cercas que quisermos, mas o quebrantamento está escondido dentro de nós (assim como todas as nossas cercas) e espera para dar o bote quando estamos mais fracos e vulneráveis. Se pudermos responder que estamos buscando mais de Jesus no namoro e no casamento, os limites que antes pareciam tão mofados, enfadonhos e antiquados de repente tornam-se nossos melhores parceiros na luta. São os passos corajosos, cheios de fé, que damos para, juntos, conhecer mais de Jesus. São as batalhas que vencemos juntos contra todos os piores ataques de Satanás.

Ficamos na defensiva quanto ao namoro — sempre vigilantes *contra* o mal, sempre lutando *contra* a tentação. Mas e se os limites que guardamos foram feitos para nos ajudar a lutar *em favor* de algo? O que dizer se, em vez de construir cercas, esses fossem atos de guerra no amor? É difícil manter os limites, pelo menos em parte, porque Satanás nos convence de que só estamos nos sacrificando e nunca ganhamos nada com isso, que estamos presos nessa caverna escura, fria e úmida, chamada de "namoro cristão". Ele faz o namoro cristão parecer escravidão. Mas Cristo não veio para nos escravizar; ele veio para nos libertar. "Para a liberdade foi que Cristo nos libertou. Permanecei, pois, firmes e não vos submetais, de novo, a jugo de escravidão" (Gl 5.1). A vida em Cristo é uma vida de liberdade. *Existe* sacrifício nesse relacionamento, mas é insignificante em comparação à recompensa. Há paciência e domínio próprio, mas esses não apagam o amor. Nutrem e fortalecem o tipo de amor que realmente ansiamos ter. Os limites — esses atos de guerra espiritual — não roubam nada de nós. São as pistas nas quais corremos mais rápido e com maior liberdade com Jesus (e um com o outro). Todo ato de obediência, na vida e no namoro, é um ato livre de desafio em face dos esquemas e das mentiras de Satanás. Não estamos somente nos *guardando* dele; estamos *tomando de volta* para nós o espaço que ele usurpou.

TRÊS ATOS DE GUERRA NO AMOR

Vejamos três conjuntos de limites que precisamos ter no namoro, três atos de guerra espiritual nos relacionamentos. Esses limites são essenciais se quisermos namorar de modo diferente do mundo, alinhados com o evangelho.

1. Cultive independência um em relação ao outro.

Todos nós queremos começar com os limites físicos — toque, beijos e mais —, mas esses não são os primeiros riscos que enfrentamos no caminho de qualquer relacionamento. Somos rápidos em nos sentir culpados em relação à quebra dos limites físicos, mas nossos sentimentos realmente são nosso primeiro campo de batalha, e um dos solos em que mais facilmente cedemos. Enquanto estamos focados em quanto, fisicamente, vai longe demais o "longe demais", é com o nosso coração, e os centímetros lá transpassados, que Deus está realmente interessado. Será que vamos permitir que nossa imaginação e nossas emoções corram adiante de onde esse relacionamento realmente se encontra, ou vamos guardar nosso coração? Vamos nos prender emocional ou espiritualmente a alguém da forma como deveríamos nos comportar somente em relação a um cônjuge? As emoções parecem tão naturais e inocentes... Como poderiam estar erradas?

"Enganoso é o coração, mais do que todas as coisas, e desesperadamente corrupto; quem o conhecerá?" (Jr 17.9), especialmente quando se está perdido de amor. A dura realidade sobre nosso coração é que, simplesmente, não podemos confiar nos sentimentos — mesmo depois de termos sido salvos. Os limites emocionais são menos objetivos, por natureza, porque são as linhas que traçamos em nossos próprios corações. Meus sentimentos e minhas emoções estão alinhados com a realidade do relacionamento e com o evangelho? Será que estou permitindo que minhas emoções assumam a dianteira e assumam o controle? De algumas formas, os limites emocionais e espirituais exigem maior esforço e disciplina porque não são tão tangíveis e concretos quanto o toque físico.

Procure seus amigos mais próximos e seja o mais honesto possível. Converse sobre onde seu coração realmente se encontra — o que você valoriza mais, o que espera de seu relacionamento de namoro e em que medida está disposto a fazer mais concessões. Bons amigos podem dizer-lhe se sua namorada (ou seu namorado) faz você vir para mais perto de Cristo ou se afasta você dele. Eles poderão dizer-lhe se você está dependendo de seu namorado ou de sua namorada de uma forma não saudável. Até o nosso casamento, devemos desenvolver e manter uma independência saudável de nossa cara-metade e nos preparar para a possibilidade de que o plano de Deus seja diferente dos nossos planos. Sem uma aliança no dedo, simplesmente não sabemos o que Deus vai fazer desse relacionamento. "Sobre tudo o que se deve guardar, guarda o coração, porque dele procedem as fontes da vida" (Pv 4.23). Guarde seu corpo e seu coração.

2. Reserve um tempo para conversar sobre as conversas.

A maioria de vocês nunca pensou em estabelecer limites para as conversas. Eu não estava pronto quando o pai de uma namorada perguntou, nos primeiros meses do nosso relacionamento: "Vocês já mencionaram a palavra *casamento?*"

Longa e desajeitada pausa. "Um, é... acho que falamos disso uma vez."

"Não penso que tenha sido certo você falar disso, e espero que você cuide melhor dela do que isso."

Fiquei totalmente constrangido. Nunca havia pensado em certos assuntos como inapropriados ou perigosos. Se, supostamente, o namoro é a busca pelo casamento, não precisamos conversar sobre casamento?

Sim, precisamos, mas com cuidado — e na hora certa. Para alguns, falar sobre casamento pode ser tão íntimo quanto tocar em lugares indevidos ou algo pior. Dentro do casamento, a confiança não é limitada ao quarto de dormir, mas estende-se a todos os aspectos da vida. Não devemos expor um plano de arquitetura e engenharia para a vida com três ou quatro quase-cônjuges. É divertido e excitante falar sobre em que estação do ano talvez venhamos a casar ou quantos filhos queremos ter ou onde vamos querer passar as férias ou que tipo de ministério vamos assumir juntos, mas isso pode ser tão perigoso espiritualmente quanto a imoralidade sexual. Eventualmente, vocês terão certas conversas, mas não corra para se atirar e, quando as tiver, faça isso com cautela e domínio próprio. Você poderá alegrar-se em sonhar juntos, sem sombra de culpa ou perigo, por anos e anos, *se* vocês realmente casarem.

Existem pelo menos duas categorias quando se trata de conversar com sua namorada ou com seu namorado. Primeiro, verifique em que medida vocês conversam e passam o tempo juntos. Se agirmos com seriedade em relação a guardar nossas mentes e nossos corações, desenvolvendo uma independência saudável e ancorando nossa esperança e nossa alegria em Jesus mais do que um no outro, seremos cuidadosos quanto ao tempo em que estaremos focados no outro. Pode parecer ridículo e desnecessário resistir ao impulso de falar o tempo todo — os dois estão curiosos e empolgados, além de prontos para um bom bate-papo —, mas isso servirá no futuro, quer vocês casem, quer não. Faye e eu estávamos distantes um do outro, de modo que, no início, conversávamos por telefone uma vez por semana (mais ou menos) e, depois disso, umas duas vezes por semana. Seis meses depois, começamos a conversar na maior parte dos dias. Nunca tivemos o hábito de falar durante horas a fio à noite. Jamais lamentamos isso no casamento, e tivemos muitas oportunidades de recompensar o tempo perdido. Não digo isso para limitar você, mas para lhe dar noções firmes de autodisciplina e paciência. Vocês têm de falar sobre o que parece saudável e certo para vocês, e perguntar aos amigos e à família se eles concordam com isso. Nada vai acontecer acidentalmente, portanto não tenha medo de iniciar uma conversa a respeito de suas conversas.

Segundo, pense *no que* vocês costumam conversar. Ao limitar seu tempo, vocês vão se concentrar mais em suas conversas — pelo menos foi assim conosco. Trocar duas ou três horas por quarenta minutos significou que nós estávamos mais conscientes do que falávamos. Você não precisa projetar todo o seu futuro de vocês juntos antes da terceira vez que saírem. Você não precisa falar sobre seu relacionamento sempre que conversar, nem mesmo na metade do tempo. Vocês não precisam lembrar um ao outro a cada quinze minutos por que se amam. Realmente, não é preciso falar muito sobre casamento até que seja razoável que fiquem noivos e se casem logo. As conversas podem tornar-se oportunidades em que fazemos concessões sem sentir que estamos nos comprometendo. Você cede aos desejos por intimidade sem se tocar fisicamente. Tenha uma conversa sobre a frequência com que vocês devem verificar seu relacionamento. Converse sobre o momento apropriado para falar de casamento. De vez em quando, defina o curso do relacionamento, e comunique claramente seus sentimentos e suas intenções, mas dedique mais tempo a conversas sobre o que Deus está ensinando a vocês, como estão crescendo na fé e onde estão investindo seus esforços e seus dons em benefício do próximo.

3. Valorize a confiança recíproca mais do que o toque físico.

Há alguns anos, perguntei a um de meus pastores sobre limites físicos no namoro. Ele disse: "Já celebrei mais de cem casamentos nos últimos vinte e cinco anos, e dei aconselhamento pré-nupcial a quase todos esses casais. Nenhum deles lamentou os limites estabelecidos no namoro, e quase todos expressavam o desejo de se haver esforçado mais." Naquele dia, ele não traçou linhas específicas para mim, mas isso nem foi necessário. Apenas me assegurou, com confiança, que eu jamais me arrependeria de algo que não tivéssemos feito no namoro, mas provavelmente lamentaríamos as coisas que não esperamos para fazer — *mesmo que acabássemos casando.* Ele deu testemunho de todos os casais que fizeram aconselhamento pré-nupcial com ele, dizendo que, quando estavam prestes a casar, expressavam o desejo de não se haverem tocado tanto *um ao outro,* pois queriam ter prazer juntos nessas coisas pela primeira vez dentro do casamento.

Por que é assim? Porque Deus pretende que tenhamos clareza e, *depois,* intimidade. Casamento e, *depois,* atividade sexual. Isso significa que devemos valorizar mais a *confiança recíproca* do que tocar um ao outro. Não se limite a *evitar* a imoralidade sexual; *procure ter* paciência, domínio próprio e confiança. Pense em tudo que agora vocês não fazem juntos como algo que *estão fazendo* para maximizar sua felicidade e sua liberdade no casamento.

Com frequência, o toque sempre leva a mais toques, e isso torna os toques no namoro perigosos, como uma corrente forte no Oceano Pacífico. Se você já mergulhou longe o suficiente em qualquer oceano, já sentiu as ondas começarem a dominá-lo. Desde a primeira vez que vocês se abraçaram ou se deram as mãos, sentiram o impulso de tocar mais — com mais frequência e com maior intimidade. Você nada um pouco mais para o fundo, achando que consegue lidar com isso, que está no controle e que terá condições de voltar tranquilamente, a qualquer hora. Então, de repente, você se vê lutando para respirar, desesperado, lutando contra a correnteza. Você está cruzando limites que não queria, e não sabe como parar. Em vez de se entregar e mergulhar, deveríamos estar lutando e esperando.

Eu pedi a Faye para segurar sua mão depois de quatro meses de namoro. Quinze meses mais tarde, demos o primeiro beijo, no cais da Praia de Newport, momentos depois de ela concordar em se casar comigo. Nós estávamos muito felizes em nosso namoro por dezenove meses sem nos beijar. Não ofereço nossa experiência como um padrão de ouro, mas posso lhe dizer que não lamentamos a falta de mais toque durante o namoro. Na verdade, nosso sentimento é que Deus tem recompensado cada grama de paciência e autocontrole que tivemos, com um prazer maior um no outro dentro do casamento.

Quando Faye e eu estávamos namorando, alguém me fez uma das perguntas mais úteis e profundas com relação aos limites físicos: "Você sentirá a necessidade de pedir desculpas ao futuro marido dela?" Se os dois não casarem (o que, a essa altura, é tão possível quanto qualquer outro resultado) e, um dia, você visse sua namorada com o futuro marido dela, teria orgulho do jeito como a tratou — as coisas que disse, quão longe as coisas foram, os limites que você guardou ou que ultrapassou, o jeito como a tocou —

ou teria vergonha, sentindo a necessidade de pedir perdão? Respostas honestas a essa pergunta revelam muitos desejos, ideias e comportamentos errados no namoro. Como seria doce se aquele futuro cônjuge pudesse olhar você nos olhos, sabendo tudo a respeito de seu relacionamento com quem agora ele casou, e *agradecer* a você por ter amado a esposa dele (e Jesus) bastante para *não* ter tirado proveito dela e não ter desrespeitado os limites físicos. Namore-a, em todos os sentidos, de modo que, um dia, se veja livre para colocar-se alegremente diante de Deus e de seu futuro cônjuge sem sombra de pesar ou vergonha.

FALE E ASSUMA A LIDERANÇA

Os esposos são conclamados a liderar e servir às suas esposas (Ef 5.23). Os namorados são chamados, igualmente (se bem que não do mesmo jeito), a liderar e servir às suas namoradas no namoro — ser o impulsionador altruísta e protetor. Namorado não é marido, nem deve agir como tal. Mas deve agir como homem. Os homens do mundo são conhecidos por forçar os limites. Não seria maravilhoso se os homens na igreja fossem conhecidos por defender os limites — falando com ousadia sobre o perigo do pecado, insistindo em pausas quando surgem as tentações, buscando mulheres de uma pureza estonteante e, em suma, tratando as mulheres como Jesus nos trata (Ef 5.25-27)?

O que essa espécie altruísta de liderança pareceria no namoro? Isso tem de começar pela comunicação (outra grande fraqueza entre a maioria dos homens).

Homens, declarem suas intenções de forma clara, imponha o ritmo e comunique o progresso. Sejamos aqueles que iniciam as conversas difíceis sobre limites e pureza. Pode não parecer algo confortável ou romântico no momento, porém, mais adiante na estrada, ela vai adorar a forma como você a tratou (e espero que também goste agora). Não promova uma conferência de imprensa para anunciar o estado do relacionamento a cada encontro — uma tentação do outro lado; comunique, de forma coerente, os rumos desse relacionamento e como você acha que as coisas estão indo. Quando todo mundo estiver "apenas conversando" ou se conectando aleatoriamente, sua namorada nunca deve ficar imaginando negativamente o que você pensa, quer ou sente a respeito do relacionamento, pelo menos sobre as coisas que realmente importam. A ambiguidade é uma arma de manipulação no namoro, não um jeito de conduzir ao casamento. Sejamos suficientemente corajosos para não forçar os limites e suficientemente ousados para mencionar esses limites quando surgem as tentações. Não espere até ela dizer não. Ame-a o suficiente para que não seja ela a pessoa a traçar a linha limítrofe.

Mas, mulheres, esse não é um passe livre para vocês quando se trata de estabelecer limites. Seu namorado *deve* assumir a responsabilidade e protegê-la. Se ele não o fizer, você deverá questionar se ele está pronto a seguir para o casamento e amá-la como sua esposa. Talvez ele seja divertido, charmoso e fisicamente atraente, mas ele abre mão dos próprios interesses e desejos por amor a você? Se seu namorado não estiver disposto ou não seja capaz de manter os limites estabelecidos, você deverá fazê-lo. A alegria e a esperança que você encontrou em Jesus deverão libertá-la para, se for necessário, agir rápida e enfaticamente, dizendo "não". Se você se sentir desconfortável, diga isso imediatamente a ele. Se tiver perguntas — qualquer pergunta — sobre os limites, seu comportamento ou o status do relacionamento, indague. Talvez você tenha medo de perdê-lo por ter estabelecido os limites, confrontando-o ou fazendo-lhe uma pergunta "desajeitada". Mas, se ele não estiver pronto para ser sincero com você e procurar ativamente a pureza, você deveria ter mais medo de *não* perdê-lo. Você não precisa dele, desse relacionamento e, com certeza, não precisa sentir a vergonha ou o pesar de cruzar os limites. Diga-lhe não e, se ele resistir, rompa com ele.

Satanás quer que acreditemos que vida e alegria estão longe desses limites — mergulhando no oceano sobrepujante de nossos desejos, arriscando tudo apenas para ir um pouco além —, mas quem provou vida e alegria real conhece a segurança e o prazer de esperar dentro da linha costeira que Deus estabeleceu para nós no namoro.

CAPÍTULO 15
A "VELA" DE QUE TODOS NÓS PRECISAMOS

Todo mundo sabe que não conhecemos o bastante para viver. Sabemos que precisamos do conhecimento e da experiência de outras pessoas para sobreviver. Você não acredita nisso? Basta olhar para seu histórico de busca. Realmente sabemos, mais que qualquer outra pessoa na história, quanto não temos conhecimento acerca das coisas que nos cercam. Felizmente, não precisamos conhecer tudo. Vivemos em uma era na qual, literalmente, nunca temos de esperar por uma resposta. Se houver possibilidade de ter uma resposta, somos capazes de conhecê-la em poucos segundos, provavelmente até menos que isso. O Google, vivo e ativo, está à nossa disposição em todo dispositivo ao nosso alcance. Ninguém nunca mais tem de ficar *sem saber* alguma coisa.

Na verdade, tendemos sempre a procurar ajuda na rede, em vez de perguntar a algum conhecido aquilo que não sabemos. Por que isso ocorre? Em parte, porque o Google sabe mais do que qualquer um de nossos amigos (pelo menos dos meus amigos). Mas também recorremos ao Google porque ele é o conselheiro e o amigo de baixo comprometimento, aquele que tem as mãos livres — sempre disponível quando precisamos, sem nunca nos pedir nada em troca. O deus vermelho, amarelo, azul e verde que está ao toque dos dedos é visível, controlável, instantâneo e aparentemente onisciente, pelo menos onisciente o bastante para nós. É uma espécie de bufê que nunca acaba, com opiniões e conselhos, sempre tendo algo a dizer sobre tudo, mas, ao mesmo tempo, sempre nos permite escolher a resposta que queremos, especialmente em relação a namoro.

- Até onde devemos ir fisicamente antes do casamento?
- Quando devo começar a namorar outra pessoa após um rompimento?
- O que devo procurar em um rapaz (ou em uma moça)?
- O que as garotas procuram num rapaz?
- Os casais devem viver juntos antes de se casar?

Não é difícil encontrar uma resposta (ou mil respostas) a qualquer uma de nossas perguntas sobre relacionamento. A realidade assustadora é que podemos encontrar uma resposta em algum lugar na rede que justifique aquilo que queremos fazer — certo ou errado, seguro ou perigoso, sábio ou tolo. O conselho que escolhemos pode provir do livro de um médico, do blog de um adolescente ou apenas de algo que encontramos no Pinterest. Realmente não importa quem está dando o conselho, desde que confirme aquilo que nós estávamos pensando ou queríamos ter no início da conversa. Achamos que estamos dependendo dos outros ao navegar por todo o material on-line, mas, com frequência, estamos apenas nos entregando aos nossos próprios anseios e à nossa própria ignorância. Deixamos a segurança do consultório médico e escolhemos a liberdade e a facilidade da loja de conveniência do posto de gasolina. E, em vez de obter uma perspectiva e uma orientação qualificada junto às pessoas que nos cercam, saímos por aí, comendo nossa barra de cereais favorita no jantar e tomando um refrigerante para nos refrescar.

A verdadeira amizade, aquela que tem real responsabilização pela vida do outro, pode não oferecer a mesma quantidade de informações ou de conselhos, e nem sempre vamos gostar do que ela nos vai dizer, mas vai nos oferecer uma nova dimensão crítica aos relacionamentos de namoro: o amigo verdadeiro *conhece você*. O Google pode conhecer muitas coisas a seu respeito, mas jamais *o* conhecerá de fato, e jamais utilizará aquilo que *sabe* por amor a você. Ele não quer tornar você uma pessoa melhor ou ajudá-lo a tomar decisões melhores a respeito de namoro. O Google quer que continuemos *clicando*, e não nos desenvolvendo. O Google nos dá aquilo que queremos, e não aquilo de que precisamos. Todos nós precisamos de uma "vela", na vida e no namoro — gente que nos conhece, nos ama e deseja o melhor para nós, mesmo que isso não seja, no momento, aquilo que queremos.

OS FARDOS QUE CARREGAMOS SOZINHOS

O primeiro versículo bíblico que me lembro de haver memorizado é Gálatas 6.2: "Levai as cargas uns dos outros e, assim, cumprireis a lei de Cristo". Decorei essas treze palavras com meia dúzia de outros rapazes em meu primeiro ano de ensino médio. Nosso líder da "Young Life" nos apresentou o versículo com o propósito de nos ensinar que precisávamos uns dos outros para seguir Jesus. Nossa fé era nossa, e nosso relacionamento com Jesus era nosso, mas não fomos feitos para caminhar sozinhos. Tínhamos de aprender a carregar os fardos uns dos outros e, talvez o que seja ainda mais difícil, tínhamos de estar dispostos a permitir que outras pessoas nos ajudassem a carregar nossas cargas.

Mas, ainda hoje, sinto-me tentado a definir *carga* como necessidades que se mostrem especialmente sérias e ocorrem só de vez em quando. "Se, algum dia, você precisar de alguma coisa, lembre-se de que eu estou aí para o que der e vier." Essa é uma barreira de proteção que colocamos no caso de haver crises inesperadas ou devastadoras, como, por exemplo, uma morte na família, uma necessidade financeira inesperada, uma enfermidade séria ou a perda de emprego. Mas o fato é que não esperamos precisar uns dos outros, pelo menos não muito. Essa espécie de individualidade e independência é mais *americana* do que cristã. Quando Paulo ordenou que carregássemos os fardos uns dos outros, estava falando principalmente de nossos corações, das coisas que acontecem *dentro* de nós, e não das coisas exteriores.

As cargas que Paulo tinha em mente não eram extraordinárias, mas bastante comuns. Ele estava nos ligando uns aos outros não apenas para preservar a sanidade e o conforto em meio às mais intensas provações da vida, como também para nos ajudar a ser fiéis a Jesus em meio às frustrações e às tentações mais triviais da vida.

Como eu sei disso? Os versículos imediatamente anteriores a Gálatas 6.2 não tratam de doença, pobreza ou perseguição — não tratam das coisas que, em geral, consideramos "fardos". Não, Paulo está falando sobre andar no Espírito — trocar o caminho mundano de conforto e prazer pelo caminho da vida. "Digo, porém: andai no Espírito e jamais satisfareis à concupiscência da carne" (Gl 5.16). Ele não está tentando nos salvar do desconforto ou do que é inconveniente, mas do pecado — "prostituição, impureza, lascívia, idolatria, feitiçarias, inimizades, porfias, ciúmes, iras, discórdias, dissensões, facções, invejas, bebedices, glutonarias e coisas semelhantes a estas, a respeito das quais eu vos declaro, como já, outrora, vos preveni, que não herdarão o reino de Deus os que tais coisas praticam" (Gl 5.19-21). Ele não está falando apenas de cumprir nossas necessidades *físicas*, mas também as espirituais — "amor, alegria, paz, longanimidade, benignidade, bondade, fidelidade, mansidão, domínio próprio" (Gl 5.22-23). E, então, ele termina o capítulo 5 dizendo: "Se vivemos no Espírito, andemos também no Espírito" (v. 25). E começa o capítulo 6 falando sobre carregar os fardos uns dos outros, o fardo de viver apaixonada e fielmente, passo a passo, por Jesus.

CONHECIDO DE VERDADE E AMADO PROFUNDAMENTE

Este capítulo é um chamado para a responsabilidade no namoro — para carregar os fardos um do outro na busca do casamento. Talvez a expressão *prestação de contas* tenha ficado seca e mofada em sua vida. Prestar contas é ser verdadeira, profunda e consistentemente conhecido por alguém que se importa o suficiente para nos impedir de cometer erros ou ceder ao pecado. A Bíblia nos adverte a tecer profundamente todos os nossos desejos, necessidades e decisões no tecido de uma família que nos ame e nos ajude a seguir Jesus. Deus o enviou — sua fé, seus dons e suas experiências — para a vida de outros crentes, com vistas ao seu bem e ao seu encorajamento: "Exortamo-vos, também, irmãos, a que admoesteis os insubmissos, *consoleis os desanimados*, ampareis os fracos e sejais longânimos para com todos" (1Ts 5.14); com o fim de desafiá-los e corrigi-los: "Habite, ricamente, em vós a palavra de Cristo; instruí-vos e aconselhai-vos mutuamente em toda a sabedoria, louvando a Deus, com salmos, e hinos, e cânticos espirituais, com gratidão, em vosso coração" (Cl 3.16); e os encorajá-los: "Edificai-vos reciprocamente, como também estais fazendo" (1Ts 5.11). Por mais que, às vezes, isso possa parecer inconveniente, desnecessário, entediante e até mesmo desagradável, Deus enviou à sua vida homens e mulheres dotados e experientes, pessoas que amam a Cristo, para o *seu* bem. O Deus que envia essas pessoas às nossas vidas sabe do que precisamos de muito mais do que podemos imaginar.

As pessoas dispostas a me chamar à responsabilidade no namoro têm sido meus melhores amigos. Ao longo dos anos, tive muitos amigos, mas aqueles que estavam dispostos a me pressionar, fazendo as perguntas mais difíceis e oferecendo conselhos que eu não queria (conselhos repletos de sabedoria), são os amigos que mais prezo e respeito. Eles entraram em minha vida quando eu estava dedicando tempo demais a uma namorada ou começava a negligenciar outras áreas importantes da vida. Eles me alertaram quando um relacionamento parecia nocivo. Sabiam onde eu havia caído na questão de pureza sexual antes mesmo de que eu me desse conta, e não tiveram medo de me questionar a fim de me proteger. De forma implacável, eles me apontaram para Jesus — lembrando-me a não depositar esperança em qualquer relacionamento, a buscar sempre a paciência e a pureza, e a me comunicar e me conduzir bem. Esses caras não me vigiaram tão perfeitamente que me impedisse de cometer erros ou falhas — ninguém consegue fazer isso —, mas desempenharam papel significativo em me ajudar a amadurecer como homem, namorado e, agora, como marido. Todos nós precisamos de amigos e conselheiros corajosos, persistentes, cheios de esperança nas águas turvas e perigosas do namoro.

QUATRO CONJUNTOS DE OLHOS E CORAÇÕES

Existem diversos relacionamentos diferentes em nossas vidas que desempenham — cada um deles — papel singular em nossos relacionamentos de namoro: nossa família da igreja, nossos pais, nossos amigos e o Senhor. Juntos, eles oferecem quatro níveis de responsabilização.

1. Evite deixar para trás a família da igreja em seu namoro.

Em geral, não pensamos na família da igreja como parte de nossa busca pelo casamento. Muitos de nós provavelmente nem queremos que eles se envolvam. Tendemos a nos distanciar das outras pessoas quando começamos a levar a sério o relacionamento amoroso com alguém, focando todo o nosso tempo e toda a energia no namorado ou na namorada. Mas Deus dá a responsabilidade primária e final da nossa prestação de conta à igreja local (Mt 18.15-17). Ele pretende que a igreja seja o trecho irregular à beira da estrada, garantindo que permaneçamos acordados e em estado de alerta enquanto estamos dirigindo na vida e no namoro. Se não incluirmos a família da igreja em nossa rotina e em nossos relacionamentos, é provável que venhamos a cair numa vala. Na maior parte do tempo, não paramos para agradecer a Deus por aquele trecho irregular até precisarmos dele, mas ficamos felizes por estarem lá quando começamos a cair no sono ao volante. A igreja oferece esse tipo de estrutura, direcionamento e segurança.

As igrejas estão repletas de tipos diferentes de pessoas: de diferentes faixas etárias, diferentes profissões, hobbies e estilos de vida; de diferentes etnias; pessoas que estão em diferentes fases da vida. Boa parte da melhor responsabilização virá daqueles que não são parecidos conosco ou com nossos amigos. Sempre nos sentimos tentados a nos cercar de pessoas que pensam como nós, que vivem como nós e que até mesmo se parecem conosco. Estamos sempre acompanhados de pessoas que vivenciam circunstâncias similares à nossa (faculdade, solteiros ou casados, empresa, filhos). A igreja nos reúne numa família cujas pessoas não são nada parecidas conosco. Essa diversidade não é uma provação semanal a ser suportada — é uma dádiva incrível e um privilégio. Você não precisa ficar de pé durante os comunicados e atualizar a igreja inteira sobre seu relacionamento, nem imprimir uma nota semanal no boletim. Mas busque o apoio de algumas pessoas mais velhas e maduras que você. Permita que algumas pessoas com quem você normalmente não passaria os fins de semana participem de suas ideias e tomadas de decisão em seu namoro.

Algumas pessoas que estão lendo este livro ainda não são membros de uma igreja local. Na verdade, por inúmeras razões, nem mesmo estão frequentando uma igreja. Talvez seja alguém que está adiando tornar-se membro até se casar e formar uma família. O problema é que você precisa da igreja agora mesmo, assim como a igreja precisa de você. Paulo diz: "Ora, vós sois corpo de Cristo; e, individualmente, membros desse corpo" (1Co 12.27) e "Deus dispôs os membros, colocando cada um deles no corpo, como lhe aprouve" (1Co 12.18). Se formos crentes em Jesus, *seremos* parte de seu corpo — mão, pé, ouvido, rim. A questão é se somos um membro saudável, ou aleijado, disfuncional e inútil. Paulo prossegue: "Mas nossos membros nobres não têm necessidade disso. Contudo, Deus coordenou o corpo, concedendo muito mais honra àquilo que menos tinha, para que não haja divisão no corpo; pelo contrário, cooperem os membros, com igual cuidado, em favor uns dos outros" (1Co 12.24-26). Quando deixamos a igreja para trás, roubamos o corpo desse tipo de apoio e alegria. E sacrificamos a nós mesmos. Precisamos ser responsáveis diante de uma igreja local: ligue-se, conheça algumas pessoas e se torne conhecido, procure pessoas diferentes de você e envolva-as em sua vida de namoro.

2. Encontre apoio no amor que o fez e o criou.

"Honra teu pai e tua mãe" (Ef 6.2; Êx 20.12). Isso é muito simples, mas, ao mesmo tempo, bastante desafiador. E, nos dias atuais, parece bastante antiquado e desnecessário. Os pais acabam se revelando uma espécie de formalidade quando já tomamos nossa decisão no namoro — a não ser, claro, que estejamos comprometidos com um namoro diferente daquele ao qual o mundo está habituado, buscando um casamento que esteja voltado a falar aos outros sobre Jesus. Incluir e honrar os pais no namoro não é uma ideia muito popular, e nem sempre isso será fácil. Talvez não estejamos acostumados a olhar no olho de nossos pais. Talvez nossos pais não sejam crentes. Talvez eles sejam divorciados e discordem um do outro quanto ao que devemos fazer. Talvez um ou ambos nem se interessem em se envolver em nosso relacionamento. Não podemos forçá-los a se importar ou cooperar conosco, mas podemos honrá-los e pensar em maneiras criativas de encorajá-los a se envolver, pedindo sugestões e conselhos a eles. Mesmo que você não concorde com eles sobre seu relacionamento (talvez *especialmente* quando discordamos deles), aproxime-se e ouça-os com atenção. Se eles estiverem preocupados e frustrados, esforce-se ao máximo para entender o porquê. Talvez nossos pais estejam muito errados, mas a maioria não vai intencionalmente querer nos ferir ou impedir nossa felicidade. É fácil desistir logo e "sair dessa". Vamos surpreender a todos amando nossos pais com *mais* intencionalidade e *maior* alegria, mesmo quando discordamos deles.

E quanto ao pai da namorada? Atualmente, a tendência é os pais estarem cada vez menos envolvidos no namoro de suas filhas. Mas o namorado sábio procura o pai de sua namorada para aprender, junto ao homem que foi o maior responsável por seus cuidados, tanto quanto possível a respeito dela. Com demasiada frequência, relegamos aos pais a entrevista de última hora antes do noivado, quando Deus, na verdade, pretende que eles sejam os agentes de sabedoria e proteção, ativos e disponíveis. Não policiais. Pais tolos gostam de fazer papel de durões com uma arma na mão. Pais sábios sentem prazer na oportunidade de desenvolver um relacionamento real, intencional, cheio de graça e de verdade com o homem que talvez receba a incumbência de cuidar de sua filha pelo resto da vida. O que aconteceria se o pai da moça assumisse alguma responsabilidade não somente de *vetar* um jovem, mas também de *investir nele* e prepará-lo para valorizar grandemente Jesus no namoro e no casamento? O que aconteceria se, como namorados, fôssemos corajosos o bastante para iniciar esse tipo de relacionamento e discipulado com o pai da namorada?[12]

Alguns de vocês, ao lerem isso, se desesperam. Infelizmente, física ou funcionalmente, existem, no mundo e na igreja, muitos filhos e filhas sem pai. Você pode ter perdido seu pai quando ainda era criança. Doença, um acidente, vícios, violência — não há um jeito fácil de perder o pai. Dói e continua a doer ao longo da vida. Mas nosso Deus não é só Deus para quem tem pai. Mais que qualquer um na história, ele ama o órfão, os que foram biologicamente abandonados e também aqueles que foram espiritualmente desamparados. E Deus, de um modo maravilhoso, provê homens que se comportam como pais quando os pais biológicos não podem ou não querem exercer essa função. Em geral, na igreja evangélica, entre as pessoas que amam a Bíblia, é provável que se encontrem homens mais velhos, fiéis, pessoas que seguem Jesus e que poderão ajudá-lo a caminhar em seus relacionamentos. Poderão amar você e sua namorada ou seu namorado, e conduzir os dois em segurança rumo à intimidade e à clareza em relação ao futuro.

3. Cerque seu relacionamento de amigos verdadeiros.

A próxima linha de defesa no namoro está nos amigos que mais conhecem a nós mesmos, nosso namorado ou

---

[12] Para mais informações sobre o papel dos pais no namoro, leia meu artigo "Pai, discipule o namorado da sua filha", Voltemos ao Evangelho, Disponível em https://voltemosaoevangelho.com/blog/2020/12/pai-discipule-o-namorado-da-sua-filha.

nossa namorada e nosso relacionamento, e que nos amam e amam Jesus o suficiente para nos manter responsabilizados. Não precisamos apenas de amigos. Todo mundo tem amigos. Precisamos de amigos *verdadeiros* que nos conheçam o suficiente e que, de forma constante e proativa, estejam envolvidos em nosso relacionamento.

Sozinhos, não temos toda a perspectiva e toda a sabedoria necessárias para honrar a Cristo no namoro. Talvez até pensemos ter tudo sob controle, mas a Bíblia diz claramente que nunca devemos viver (ou namorar) desse jeito. O livro de Provérbios adverte: "Quando não há conselhos, os planos se dispersam, mas, havendo muitos conselheiros, eles se firmam" (Pv 15.22). Hebreus diz: "Tende cuidado, irmãos, jamais aconteça haver em qualquer de vós perverso coração de incredulidade que vos afaste do Deus vivo; pelo contrário, exortai-vos mutuamente cada dia, durante o tempo que se chama Hoje, a fim de que nenhum de vós seja endurecido pelo engano do pecado" (Hb 3.12-13). Todos os dias. Em todas as fases da vida. Em todo relacionamento. Devemos sempre suspeitar de nossos corações pecaminosos, de modo a procurar uma segunda opinião. Mesmo depois de Deus nos haver resgatado do pecado, arrancado do abismo, e colocado em nós seu Espírito, ainda lutamos contra o pecado em nossos corações e, se estivermos sozinhos, seremos vencidos. Precisamos de amigos nessa batalha que nos ajudem a descobrir onde estamos errados ou nos mostramos fracos.

Não espere até o amigo perguntar como vão as coisas. Procure aqueles poucos amigos e compartilhe com eles abertamente. Não os force a fazer perguntas realmente boas. Esteja preparado para admitir suas inseguranças e seus desajustes, bem como para confessar suas falhas. A confissão é um meio de graça, não de julgamento. Tiago diz: "Confessai, pois, os vossos pecados uns aos outros e orai uns pelos outros, *para serdes curados*" (Tg 5.16). Se você não sabe o que perguntar ao seu amigo sobre seu relacionamento, ou estiver buscando perguntas que outras pessoas façam a você, eis algumas importantes:

- Sobre que vocês conversam? Como é o diálogo de vocês em geral?
- Até onde vocês foram fisicamente, e em quais situações experimentam maior tentação?
- Quais limites vocês estabeleceram para si mesmos? Vocês têm conseguido manter-se dentro desses limites?
- O que você está aprendendo a respeito de seu namorado (ou de sua namorada)? Estão se aproximando ou se afastando de maior clareza em relação ao casamento?
- Como o relacionamento de vocês afeta seu relacionamento com o Senhor — oração, leitura bíblica, envolvimento na igreja local e ministério?

4. Examine a si mesmo diante do Senhor.

Se não levarmos a sério nossa responsabilidade em relação a Deus, jamais levaremos a sério nossa responsabilidade em relação ao próximo. As amizades que nos são mais necessárias nesta vida são construídas sobre o alicerce de convicções compartilhadas: Deus *realmente* existe e conhece absolutamente tudo a nosso respeito. O pecado *realmente* nos manda para o inferno, quando não houver fé e arrependimento. Jesus *realmente* sangrou e morreu na cruz para nos salvar. *Realmente* somos cegos quanto ao pecado que ainda permanece em nós. Sem essas convicções, estamos apenas brincando de igreja em nossa responsabilidade. Todas as conversas parecem seguras, significativas e cristãs, mas, na verdade, não estamos confiando um no outro, nem em Jesus, para seguir no caminho que precisamos seguir.

A prestação de contas que precisamos ter em relação ao nosso próximo sempre tem de começar por nós mesmos, por nosso próprio senso de prestação de contas *para com Deus*. "Examinai-vos a *vós mesmos* se realmente estais na fé" (2Co 13.5). Ninguém debaixo do céu conhece você melhor do que você mesmo, e debaixo do céu ninguém tem mais coisas em jogo em relação à própria vida e ao próprio futuro do que você mesmo. Isso devia fazer de nós pessoas mais preocupadas com nossa própria fé e fidelidade, provando que somos crentes autênticos que produzem frutos em Cristo e em sua graça.

Logo depois que Paulo fala para levar os fardos *uns dos outros*, diz: "Porque, se alguém julga ser alguma coisa, não sendo nada, a si mesmo se engana. Mas prove cada um o seu labor e, então, terá motivo de gloriar-se unicamente em si e não em outro. Porque cada um levará o seu próprio fardo" (Gl 6.3-5).

O que isso quer dizer? A responsabilidade mútua é absolutamente essencial ("levar os fardos uns dos outros"), mas, no dia do juízo, estaremos de pé sozinhos; nenhuma fé e nenhum amor além dos nossos, nenhuma preocupação com nossa própria salvação além da nossa, contarão a nosso favor naqueles dias; apenas nossa própria fé e as evidências da graça em nossa vida. Portanto, além de nossa responsabilidade para com os outros, cada um de nós deve provar seu próprio labor — nossas atitudes, nossas decisões e nossos comportamentos. Em nosso namoro, estamos caminhando "por modo digno do evangelho de Cristo" (Fp 1.27) ou nos acomodamos a um relacionamento de "liquidação cristã", parecendo muito com todos os demais relacionamentos do mundo? Devemos nos importar com nossa resposta a essa pergunta muito mais do que qualquer amigo, parente ou pastor.

DESCANSE NA GRAÇA; LUTE PELA FÉ

Dois lemas estão sobre nosso namoro e sobre todo relacionamento responsável. Primeiro, Paulo nos promete: "Nenhuma condenação há para os que estão em Cristo Jesus" (Rm 8.1). Uma boa responsabilização, fundamentada no evangelho, não gera condenação, mas, sim, confiança. Ela nos lembra de que fomos salvos somente pela graça e pela fé somente, e isso somente em Cristo. Nada que possamos fazer vai nos tornar dignos do amor e da proteção de Deus. Se estivermos em Cristo, nada poderá nos separar de seu amor. O evangelho é suficientemente grande para cobrir todo o nosso pecado, não importando em que medida estamos desviados de Deus, e para nos redimir de qualquer erro ou fracasso no namoro.

Segundo, Paulo afirma: "Porque, se viverdes segundo a carne, caminhais para a morte; mas, se, pelo Espírito, mortificardes os feitos do corpo, certamente, vivereis" (Rm 8.13). Vida e morte estão em jogo em tudo que fazemos. Estamos vivendo para agradar a nós mesmos e a nossos desejos pecaminosos, ou estamos matando o pecado em todos os lugares nos quais o encontramos? Trazemos outras pessoas para nosso namoro — a "vela" de que todos precisamos — porque queremos que nossas vidas, nossos relacionamentos e nossos casamentos sirvam a Cristo, e porque não podemos arriscar as consequências avassaladoras de permitir que o pecado persista ou se desenvolva em nossos corações.

CAPÍTULO 16
NÃO É VOCÊ; É DEUS

Quando você ganhou seu primeiro telefone celular? Meus amigos começaram a ganhar os deles antes de entrar no ensino médio. Assim, claro, eu também queria o meu. Não, eu *precisava* ter meu próprio telefone. De qualquer jeito, era isso que eu argumentava com minha mãe e meu pai toda noite. Como eu poderia viver neste mundo, aos 13 anos, sem um celular? Eu tinha todo tipo de chamadas importantes a fazer. "E se eu estiver em apuros e precisar falar com vocês...?" Era sempre essa ladainha desesperada quando parecia que a conversa tomava outro rumo. Meus pais resistiam, ou melhor, seguravam a linha — literalmente. Eles prometeram comprar um celular para mim quando eu completasse 16 anos e obtivesse minha licença para dirigir. Antes disso, nada de telefone.

Depois de três longos anos rastejando no deserto da desconexão, preso ao telefone de casa como um adolescente amarrado por cordas, veio a primavera de meu aniversário de 16 anos. Havia chegado o Natal, só um mês antes do meu aniversário. Olhei a pilha de presentes debaixo da árvore, e logo soube que a liberdade do meu celular estaria escondida ali, em algum lugar. Meus irmãos e eu começamos a abrir os presentes. Meus pais imediatamente me entregaram uma caixa. Eu sabia que era ele! Finalmente, eu estava me tornando um homem. Rasguei o papel e ali estava meu primeiríssimo telefone celular. Fiquei olhando por alguns segundos para aquilo pelo qual eu havia esperado e implorado *durante muitos anos*. Não era o que eu esperava. Era bem maior do que os telefones dos meus amigos. Estamos falando de tamanho grande pré-*smartphone* — não era nada legal. Não havia jogos nele — nem um sequer. Era, bem, simples e chato.

Todo mundo continuava abrindo seus presentes, e eu comecei a me sentir diminuído. Parecia que meus irmãos estavam ganhando mais presentes, presentes melhores. Achei que meus pais estavam, de alguma forma, me punindo. "Marshall, você pode entregar isso ao Cam?" "Marshall, passe este para o Noah." Tacos de golfe, aparelho de som, cartões-presente para Chipotle. Eu estava recebendo pares de meias, cuecas e a clássica blusa de tricô feita por minha mãe. Quase comecei a chorar. Dezesseis anos de idade e estava prestes a dar um chilique. O Estado de Ohio estava preparado para permitir que eu dirigisse um carro a 100km/h, e ali estava eu, prestes a cair no choro na manhã de Natal.

Meus irmãos abriram seus últimos presentes. Recolhemos os papéis de embrulho enquanto a Mamãe preparava o café da manhã. Desanimado, juntei minhas cuecas novas.

Sentamos à mesa para comer. Papai disse ter esquecido uma coisa no porta-malas do carro e pediu que eu fosse lá pegar. *Sério, depois do que fizeram comigo?* "Está bem, eu vou pegar." Fui até a garagem, abri o porta-malas e não havia nada ali. *Ele só pode estar brincando.* Quando eu estava pronto para bater a porta da garagem, virei e vi um lindo Volkswagen Jetta prateado com um enorme laço vermelho em cima. Quase desmaiei. Meus pais haviam comprado um terceiro carro para que eu tivesse o que dirigir quando conseguisse minha carteira de habilitação. Esqueci que eu tinha um celular. Imediatamente entrei no carro com meu pai. Eu estava calçado com chinelos de vaquinha de pelúcia. Sim, dezesseis anos e usando chinelos de vaquinha. Ficamos andando de carro por uns vinte minutos. Éramos as únicas pessoas na estrada naquela manhã. Eu sorria a cada centímetro, a cada virada, a cada sinal vermelho. Eu passara os últimos três anos obcecado por um telefone, querendo ter um celular só meu, quando meus pais, em segredo, planejavam comprar um carro para mim.

O AMOR DE DEUS NO AMOR NÃO CORRESPONDIDO

A montanha-russa emocional daquela manhã de Natal é um retrato leve e irreverente de uma dura realidade. Com frequência, Deus não nos dá algo que queremos (às vezes, até mesmo tira de nós) para nos dar algo muito melhor. Nosso Pai do céu conhece todas as nossas necessidades, tem planos para nós que jamais imaginamos e cuida do universo inteiro para nosso bem. Mas, com frequência, fazer o que é melhor para nós exige, primeiro, algo que nos cause alguma dor ou algum desconforto, como o dentista que trata da cárie ou o ortopedista que coloca um osso no lugar. O amor de Deus pode parecer desagradável, até mesmo acompanhado de uma dor lancinante no momento, mas sempre nos conduz a sair do vale sombrio para uma vida de alegria ímpar. Também nos salva de todo tipo de sofrimento e dor no futuro.

A dor nunca é uma evidência de que Deus se esqueceu de nós ou de que não se importe conosco. Ele promete: "Não temas, porque eu sou contigo; não te assombres, porque eu sou o teu Deus; eu te fortaleço, e te ajudo, e te sustento com a minha destra fiel" (Is 41.10). Se ele permite que andemos por algo duro ou doloroso como um rompimento, é porque ele está conosco a cada passo e nos espera do outro lado, para nos dar um presente maior do que tudo que sofremos — como, por exemplo, trocar um celular sem graça por um carro novo. Paulo diz: "Porque a nossa leve e momentânea tribulação produz para nós eterno peso de glória, acima de toda comparação" (2Co 4.17).

Com frequência, os rompimentos são nossa primeira experiência de amor desse tipo, e a maioria de nós não espera que se repitam. Alguns dos dias mais sombrios da pessoa solteira acontecem logo depois do rompimento de um namoro. Você arriscou seu coração. Você compartilhou sua vida. Comprou presentes, construiu memórias e, *juntos*, vocês sonharam os seus sonhos —

e tudo desmoronou. Agora você está de volta à estaca zero, em busca de um casamento, e isso parece mais solitário do que a estaca zero, mais longe do altar, por tudo que você gastou e perdeu. *E se todo relacionamento acabar desse jeito? E se eu nunca casar?* Ao coração dilacerado e cheio de medo, Deus diz: "Não temas, porque eu te remi; chamei-te pelo teu nome, tu és meu. Quando passares pelas águas, eu serei contigo; quando, pelos rios, eles não te submergirão; quando passares pelo fogo, não te queimarás, nem a chama arderá em ti" (Is 43:1-2). Com frequência, os rompimentos são as águas mais profundas e o fogo mais ardente da vida de quem ainda não casou. Mas, se confiarmos em Deus e recorrermos a ele em meio à dor e à confusão de nosso coração, experimentaremos, no meio dessas águas e desse fogo, seu amor e sua proximidade como nunca antes.

SETE LIÇÕES PARA QUALQUER ROMPIMENTO

A realidade é que os bons relacionamentos, aqueles relacionamentos que exaltam Cristo, frequentemente fracassam antes da cerimônia, para nunca mais se recuperar de forma romântica. A dor é bem intensa e continua por um bom tempo. Os rompimentos na igreja são doídos e desconfortáveis, e muitos de nós já trilhamos ou ainda vamos trilhar essa estrada escura e solitária em algum ponto de nossa vida. Portanto, aqui estão sete lições para edificar a esperança e amar outras pessoas quando os cristãos desfazem um relacionamento antes do casamento.

1. Tudo bem chorar — e talvez seja melhor você chorar.

Os rompimentos quase sempre machucam. Talvez você não tivesse percebido que ia acontecer, e a outra pessoa de repente quer sair. Talvez você estivesse convencido que tinha de acabar, mas sabia o quanto seria difícil falar isso com ela. Talvez vocês já estivessem juntos por muitos anos. Talvez você ame a família e os amigos de seu namorado ou de sua namorada. Sem a cerimônia e os votos do casamento, isso *não é* um divórcio, mas é bem provável que pareça assim para você.

Você sente como se fosse um divórcio por uma boa razão. Você não foi feito para esse tipo de infortúnio. Deus projetou o romance para se expressar em fidelidade e lealdade — em unicidade. Como o namoro é apenas um meio para se chegar ao *casamento*, o plano de Deus nos fala de seu projeto para o namoro. O namoro que vai fundo depressa demais ou que descarta com descuido demais não reflete a intenção de Deus. Isso não significa que todo relacionamento de namoro deveria terminar em casamento, mas tão somente que os rompimentos vão doer. Deus criou você para ter prazer e florescer no amor que dura, como o amor duradouro de Cristo por sua noiva. Então, sinta-se à vontade para sentir, e saiba que o sofrimento aponta para algo belo sobre seu Deus e o amor eterno que ele sente por você.

E, se não doer, é porque provavelmente não deveria ser. Se somos capazes de entrar em relacionamentos e sair deles sem dor ou arrependimento, isso acontece porque algo está fora de sincronia. Isso, contudo, não significa que tenhamos de nos sentir arrasados a cada rompimento amoroso, mas devemos ter uma noção de que algo não funcionou como deveria funcionar. Corações não foram feitos para ser emprestados. Deus precisa mostrar a alguns de nós a gravidade dos relacionamentos fracassados, por causa do que esses relacionamentos sugerem, equivocadamente, a seu respeito e a respeito de seu amor pela igreja.

2. Não tenha tanta pressa para tentar de novo.

Conhecer e acolher o plano de Deus para a permanência no casamento e no namoro são fatores que nos ajudam a lidar bem com nossos sentimentos, mas também nos auxiliam a dar os próximos passos de maneira saudável em nossa procura por um casamento. Um dos piores erros (e também um dos mais comuns) é passar para o próximo relacionamento depressa demais. Até porque, na era do namoro pela internet e pelas mídias sociais, não precisamos nos esforçar muito para encontrar um novo pretendente.

O afeto pode tornar-se um vício. Se você já namorou alguém, segurou em suas mãos, viu seus sorrisos, trocou mensagens e experimentou a doçura de sua atenção e de suas declarações, você vai querer mais. E a forma mais fácil de encontrar isso é recuperando-se logo. Mas, se nos preocupamos com Deus, nosso testemunho, nosso ex e com nosso futuro parceiro, vamos simplesmente esperar, orar e voltar a namorar com paciência e zelo. É muito fácil deixar um rastro de pessoas feridas em nossa busca por um parceiro. Não é verdade que não estamos caminhando rumo a um casamento só porque não estamos namorando exatamente agora. Algumas vezes, a melhor coisa que podemos fazer por nosso futuro cônjuge é não namorar. Se a sua história parece recorrente, talvez precise parar de namorar por um tempo. Talvez seja a hora de reagrupar, crescer e descobrir um novo ritmo para seu futuro relacionamento.

3. Você é uma pessoa melhor por ter amado e perdido.

Há uma vergonha e um sofrimento únicos associados aos rompimentos. Os relacionamentos e o amor podem ser celebrados mais na igreja do que em qualquer outro lugar porque (corretamente) nós prezamos tanto pelo casamento. Infelizmente, essa mesma convicção costuma fazer dos rompimentos um assunto desconfortável — na melhor das hipóteses, embaraçoso e, na pior das hipóteses, algo vergonhoso ou humilhante. Você se sente como uma mercadoria danificada, como se tivesse sido arruinado aos olhos de Deus ou aos olhos de outras pessoas. Porém, a mais bela verdade (e a mais difícil de acreditar) é que esse você "fragmentado" é um você bem melhor. Quando, em seu sofrimento, você se volta para o Senhor e se arrepende de todo e qualquer pecado que trouxe para o relacionamento, descobre que você é tão precioso para seu Pai celestial quanto sempre foi, e que ele está usando cada centímetro de seu sofrimento, de seu fracasso e de seu arrependimento para torná-lo mais daquilo que ele o criou para ser, e para lhe dar mais do que ele criou para você desfrutar: ele próprio.

Quando uma conquista é removida, podemos, de forma compassiva, ser lembrados de quão pouca coisa temos fora de Cristo e da felicidade que ele comprou para nós com seu sangue. Por nós, ele se tornou sabedoria em relação à tolice; justiça em relação aos pecadores; santificação em relação aos quebrantados e redenção para os perdidos e para aqueles que temem (1Co 1.30), além de afeição, segurança e identidade para o homem solitário ou a mulher solitária que estão cambaleantes após o término de um relacionamento. Em Jesus, Deus está sempre e tão somente fazendo o bem por nós. Ele ama muito mais nossa alegria duradoura nele do que nosso conforto transitório no presente. Em algum momento, ele fará essa troca, e nós podemos ficar felizes por isso. Saiba que Deus está fazendo o que é bom para nós, mesmo quando estamos nos sentindo no fundo do poço.

4. Extraia aprendizado de qualquer amor perdido.

Uma das maiores vitórias de Satanás em um rompimento é convencer o rapaz ou a moça: "Foi tudo culpa da outra pessoa". A realidade é que ninguém – seja casado, seja solteiro — é isento de pecado ou defeito em um relacionamento. Salvos pela graça, todos nós somos imperfeitos e cheios do Espírito, de modo que sempre estamos aprendendo e crescendo, na condição de pessoas ou cônjuges, no presente ou no futuro. Quando a onda emocional arrebata e passa, permaneça por algum tempo sozinho e, em seguida, procure alguns amigos próximos, a fim de avaliar para onde Deus está levando você — que pessoa ele está fazendo você ser – com isso.

Identifique uma área ou algumas áreas em que você queira esforçar-se para ser mais amável, mais perspicaz ou mais confiável — mais parecido com Jesus — e siga em frente. Você não vai experimentar encruzilhadas relacionais mais intensas, pessoais e explícitas do que num rompimento; portanto, esse é um momento único para fazer uma introspecção otimista, saudável e equilibrada, contando com a ajuda de outros crentes.

5. Mesmo que vocês não possam ser amigos agora, serão irmãos para sempre.

Nos relacionamentos cristãos, os rompimentos nunca representam um fim. Não importa se isso soa bem ou não para vocês agora, vocês *estarão* juntos para sempre (Ap 7.9-10). E isso acontecerá em um novo mundo, no qual ninguém mais se casa, e todos são felizes. Jesus diz: "Porque, na ressurreição, nem casam, nem se dão em casamento; são, porém, como os anjos do céu (Mt 22.30). Salmos 16.11 diz: "Tu me farás ver os caminhos da vida; na tua presença há plenitude de alegria, na tua destra, delícias perpetuamente". Parece bom demais para ser verdade, não é? Então, o que significaria mudar e pensar em seu ou sua ex à luz da eternidade? Embora seja certo que vocês vão se encontrar de novo e para sempre no céu, talvez não estejam preparados para ser amigos neste momento. E isso não é algo necessariamente pecaminoso. De fato, em muitos casos, pode ser emocional e espiritualmente saudável abrir alguns espaços e impor limites significativos.

De alguma forma, os corações despedaçados precisam ser curados e desenvolver novas expectativas.

A reconciliação não demanda proximidade; demanda apenas perdão e amor fraternal. Você pode começar orando por seus ex-namorados ou ex-namoradas, mesmo quando ainda não consegue estabelecer um diálogo com eles. Ore para que sua fé possa aumentar, que Deus traga para perto deles irmãos ou irmãs crentes, que ele cure e restaure seus corações e que ele possa torná-los mais parecido com Jesus. Precisamos aprender a viver o momento atual em nossos relacionamentos, velhos e novos, à luz de uma eternidade juntos. Nossa paciência, nossa bondade e nosso perdão nos rompimentos vão reluzir em beleza, contrapondo-se às reações egoístas e vingativas apresentadas na televisão e adotadas, de forma impensada, pelo restante do mundo.

6. Não basta dizer: "Não é você, é Deus".

Pode ser uma daquelas populares falas cristãs: "Deus está me levando a fazer isso". Ou: "Deus me disse que nós precisamos romper". Ou ainda: "Tive uma visão em um arbusto quando eu estava a caminho da sala de aula e, nessa visão, nós não estávamos juntos". Provavelmente, todas essas falas resumem o seguinte: "Veja bem, não é você; é Deus". Deus pode muito bem conduzir você a um rompimento, mas não o use como um bode expiatório. Reconheça seu próprio pecado e peça perdão quando isso se fizer necessário. Em seguida, seja honesto em relação a si mesmo sobre como chegou a essa decisão, sobre como Deus tornou essa direção clara para você. Claro, algumas coisas não são palpáveis, mas busque encontrar os fatores que são concretos. Essa, contudo, não é uma licença para dizer coisas perversas; diga apenas as coisas úteis, até mesmo se, inicialmente, machucarem.

É aconselhável não estar sozinho em sua opinião sobre a necessidade de rompimento. Sim, seu namorado (ou sua namorada) talvez não concorde com seu posicionamento, mas você precisa compartilhar e confirmar sua perspectiva com alguém que ame Jesus e que também ame vocês dois. Converse com um conhecido que seja capaz de avaliar seu coração em relação a esse rompimento. Se puder ser um homem casado ou uma mulher casada, tanto melhor. Fale com alguém que sabe o que é necessário para perseverar em um casamento e veja o que as outras pessoas pensam acerca de eventuais obstáculos no relacionamento.

Nossa imaginação, especialmente quando estamos imersos em uma crise emocional, pode ser uma arma letal que Satanás usa contra nós para o mal. Se deixarmos tudo "no ar", de forma vaga, nosso ex não vai fazer o mesmo e, na maior parte das vezes, sua mente vai criar mentiras que provêm do diabo. Dê a ele informação suficiente sobre como Deus conduziu você a essa decisão sem deixá-lo arrasado e destruído. Digo "suficiente" porque há muitas verdades inconvenientes que você poderia dizer. Mais uma vez, revise os tópicos da conversar que você vai ter com um irmão cristão ou uma irmã cristã antes de apresentá-los ao seu namorado ou à sua namorada. No final, a pessoa não terá de concordar com você, mas será muito bom ajudá-la a alcançar a clareza no desfecho que você tem em mente. Isso pode deixar a pessoa livre para crescer e seguir em frente mais cedo e com menos dúvidas.

7. Seu Pai conhece suas necessidades.

Provavelmente você esteja questionando isso tudo no clamor do rompimento, mas Deus realmente conhece suas necessidades, e nunca é tardio em provê-lo. Talvez ele revele coisas novas a você sobre o que você achava que necessitava. Ou talvez simplesmente revele a você quando precisa mais dele do que de qualquer outra coisa ou de qualquer outra pessoa. Deus alimenta as aves do céu que não trabalham (Mt 6.26). Deus faz as flores do campo crescerem e as torna belas, mesmo que venham a ser cortadas, pisoteadas, comidas ou congeladas em uma questão de dias ou semanas (Mt 6.28-30). Quanto mais, então, esse Pai não proverá aos seus filhos comprados por sangue?

Uma forma de Deus nos prover por meio dos rompimentos é deixando claro — por qualquer meio e por qualquer razão — que esse relacionamento não era um plano seu para nosso casamento. O cerne do namoro cristão é buscar mais clareza do que intimidade. Provavelmente, isso não parecerá doce no momento, mas, se você consegue entender a clareza como um tesouro verdadeiro, os rompimentos não serão só má notícia. Todos nós sabemos que algumas coisas de que precisamos podem ser difíceis por um tempo, mas, no futuro, elas são melhores. Um rompimento pode ser como desembrulhar algumas cuecas novas como presente de Natal, mas nós temos de admitir que Deus sempre nos dará presentes melhores do que daríamos a nós mesmos. Ele sabe mais do que nós sabemos, e nos ama mais do que amamos a nós mesmos.

ALEGRIA À SOMBRA DE UM CORAÇÃO DESPEDAÇADO

Quando somos deixados sozinhos e nos sentimos abandonados, é difícil acreditar que alguém consiga entender o que estamos passando. Isso pode ser verdadeiro mesmo a respeito de pessoas bem-intencionadas à nossa volta. Com Jesus, porém, não é assim. Esse mesmo Jesus que veio e se sacrificou para dar esperança aos quebrantados. "Não esmagará a cana quebrada, nem apagará a torcida que fumega, até que faça vencedor o juízo" (Mt 12.20). O contentamento não reside em saber que Jesus também passou por dificuldades — não há consolo nisso. O contentamento consiste em saber que ele sofreu em seu lugar, morreu e ressuscitou para acabar com o sofrimento de seus santos. Para aqueles que esperam em Jesus, toda dor — um câncer inesperado, críticas injustas, um rompimento indesejado — tem uma data de validade e um redirecionamento para nos unir em amor ao nosso Salvador sofredor.

Jesus precedeu os quebrantados para pavimentar o caminho do júbilo na dor. Nós vivemos, sobrevivemos e prosperamos olhando para ele, o qual, "em troca da alegria que lhe estava proposta, suportou a cruz" (Hb 12.2).

Sua alegria diante da ira de Deus contra o pecado é nossa primeira e maior razão para lutarmos por alegria — e não apenas por sobrevivência — após um rompimento. Se você acredita nisso, então aproveite ao máximo qualquer rompimento, sabendo que Deus escolheu esse caminho específico para seu crescimento e para gratificá-lo de forma duradoura. Nenhum relacionamento que você tenha nesta vida vai durar para sempre, mas as coisas boas que acontecem por meio deles em você — inclusive em meio às suas tristezas ou às suas crises — serão duradouras.

CONCLUSÃO: MEUS SONHOS PARA SEU CASAMENTO

Finalmente, chegou o grande dia, o dia que ela planejava desde os cinco anos de idade — uma cerimônia que levou vinte e cinco anos para se realizar. Enquanto chegavam os últimos convidados e os padrinhos estavam se enfileirando, ela ficou sentada sozinha em uma sala, longe de todos, esperando pela grandiosa revelação.

Ela fitou a velha porta de madeira que a separava de todos os seus amigos e familiares. Os minutos se arrastavam como se fossem horas. Uma lágrima caiu do canto do olho, e percorreu sua face. Pegou-a de surpresa, como uma visita inesperada e um convidado indesejável. Será que era pelo fato de, finalmente, ter chegado aquele dia, com seu noivo há muito tempo esperado aguardando por ela no altar — o êxtase de finalmente vestir branco depois de todos aqueles vestidos de dama de honra?

Ou, para ser honesta consigo, será que ela estava chorando porque seu casamento não era nada parecido com o que ela imaginava que seria? Será que *ela* não era a noiva que achava que seria?

Ela achava que, a essa altura da vida, já estaria casada. Quando era mais jovem, tentou ser paciente e fazer as coisas do jeito certo. Mas nenhum rapaz mostrava interesse por ela — a maioria nem sabia seu nome. Sempre procuravam as garotas mais bonitas e mais dispostas a fazer brincadeiras de natureza sexual. Ela conseguia lembrar a dor de estar deitada em sua cama à noite, navegando nas redes sociais, indagando se, algum dia, seu estado civil iria mudar.

Cansada de esperar e ficar para trás, quebrou seus antigos padrões. Começou a namorar mais agressivamente no primeiro ano de faculdade e não parou mais. Não conseguia lembrar-se de uma época em que não tivesse namorado. Ela se lembrava de todo rompimento — de cada pedacinho de coração quebrado. As feridas ainda doíam, até mesmo no dia do casamento — até mesmo quando o noivo estava a apenas cinquenta metros de distância. O seu noivo. E se ele descobrisse tudo sobre seu passado? Como seria se ele a tivesse ouvido dizer "eu te amo" a todos aqueles outros homens? E se ele soubesse a que ponto ela havia chegado com eles, como permitia que cada novo rapaz esticasse os limites? Será que, ainda assim, ele diria "Sim"? Ela estava feliz por ter encontrado o seu homem — realmente estava feliz —, mas estava arrasada por não se haver preservado. Fizera tudo errado e não era possível deixar para trás a sua história. Deu mais uma olhada nervosa no espelho e, de repente, sentiu-se desconfortável usando branco.

Secretamente, sentia pavor das primeiras semanas e dos primeiros meses de casamento. Com certeza, a lua de mel seria divertida, mas o que dizer da vida real? *O que ele vai pensar de mim quando souber realmente como sou, quando me conhecer de perto, com todos os meus defeitos e fraquezas?* Estava aterrorizada diante da possibilidade de eles acabarem como seus pais e de seus filhos sofrerem como ela havia sofrido — presa entre duas casas, dividida entre Mamãe e Papai. Sempre achara que o casamento poderia completá-la, preenchendo seu propósito na vida e lhe dando a felicidade da qual corria atrás havia tanto tempo. Momentos antes de proferir seus votos, ela sabia que estava errada. E agora estava prestes a desfilar pelo corredor central com falsas esperanças e expectativas não realizadas, com o salão cheio de lindas rosas brancas para distraí-la de toda a sua vergonha e de todo o seu medo.

Ouviu a sua música, aquela que costumava ouvir em sua imaginação desde menina. Uma batida à porta sinalizava que havia chegado a hora. Então, ela se levantou, ajeitou o vestido, enxugou a lágrima do rosto e sorriu. Havia escolhido o vestido e a maquiagem, mas não sabia que também teria de vestir um sorriso. Estava feliz, mas não conseguia parar de pensar sobre tudo que fizera de errado. Ao abrir a porta para começar a caminhar pelo corredor, estava totalmente despreparada para aquilo que a aguardava ali.

QUAIS SONHOS VOCÊ TEM PARA O CASAMENTO?

Você tem pensado muito no dia da cerimônia de seu casamento e no casamento em si? O dia em que Faye e eu nos casamos, já sabíamos que algumas pessoas perguntariam como estava indo nosso casamento — dentro de um mês, um ano ou dez anos — e não queríamos nos acomodar a sentir menos do que sentíamos naquele momento. Oramos a respeito do que desejávamos no casamento. Tínhamos sonhos específicos, cheios de esperança pelo que Deus faria enquanto nos entregássemos pacientemente, sem egoísmo, um ao outro, dia após dia, até a morte nos separar. Entramos naquele corredor central olhando para além do altar, para além da belíssima festa e para além de todos os nossos convidados amados; olhamos para algo muito maior e mais significativo: uma vida inteira valorizando Cristo no casamento. Com certeza, mesmo decorrido um ano, ainda somos ingênuos e inexperientes, mas nosso Deus é maior que todos os nossos temores, nossas inadequações e nossos fracassos no futuro. O casamento que temos em mente nem sempre é agradável, mas é belíssimo. Nem sempre é fácil, mas todo esforço e todo sacrifício valem a pena. Certamente não é perfeito, mas está repleto de graça e alegria.

Tínhamos dezessete sonhos para nosso casamento, os mesmos sonhos que tenho para vocês. Será que você tem sonhos para seu casamento? Pode ser que um casamento sem visão sobreviva, mas provavelmente não vai crescer e florescer. Se namorarmos sem alguns desejos e alvos específicos para o casamento, provavelmente nos acomodaremos com algo menor e, um dia, acordaremos perguntando por que nosso matrimônio não é aquilo que esperávamos. Quer você esteja casado, quer esteja em um relacionamento sério ou simplesmente sente o chamado para um dia casar, Deus criou o casamento para ser uma experiência maravilhosamente rica, dinâmica e frutífera para seus filhos. Ore e peça que ele mostre dimensões novas e mais profundas de tudo que ele planeja que o casamento seja para você e seu (futuro) cônjuge.

1. Que tenhamos prazer em Deus mais do que em qualquer outra pessoa ou coisa, incluindo nós mesmos! (Sl 16.11)
2. Que sempre oremos e oremos e oremos! (Mt 6.9-13)
3. Que tenhamos filhos felizes, piedosos, se essa for a vontade de Deus! (Sl 127.3-4)
4. Que sejamos ousados embaixadores do evangelho aonde quer que formos, sempre ganhando adoradores para ele! (2Co 5.20)
5. Que, juntos, encontremos Deus com regularidade em sua Palavra! (Sl 19.7-10)
6. Que tornemos nosso lar um lugar seguro, convidativo, transmissor de vida para os outros! (Rm 12.13)
7. Que sejamos uma bênção para a família que Deus nos deu! (Ef 6.1-3)
8. Que encontremos maneiras de aprender com casamentos mais maduros que o nosso, e possamos

investir em casamentos mais recentes que o nosso! (Ef 5.18-25)

9. Que vivamos dignos do evangelho, cultivando ciclos mais curtos de correção, confissão, arrependimento, perdão e reconciliação! (Hb 3.12-13)

10. Que possamos desenvolver, gozar, guardar e desenvolver uma vida sexual saudável e pura (Fp 2.3-5)

11. Que possamos manter um ritmo saudável de descanso, sabendo que Deus nos ama e dirige o mundo! (Sl 127.1-2)

12. Que sempre possamos amar a igreja local e investir nela! (Hb 10.24-25)

13. Que possamos discipular homens e mulheres mais jovens e levantar líderes para a igreja de Deus! (2Tm 2.1-2)

14. Que possamos suportar a causa global de Deus pelo mundo por meio de missões! (Sl 67.3-4)

15. Que possamos reter de mãos abertas aquilo que possuímos e transbordar livremente em generosidade! (2Co 9.7-8).

16. Que sempre possamos cantar! (Sl 5.11)

17. Que jamais deixemos de buscar um ao outro, procurando conhecer e servir ao outro com fidelidade e criatividade! (Rm 12.10)

A lista é longa, mas não se esgota. É nossa fraca e criativa tentativa de maximizar nosso maior propósito de vida — revelar algo da beleza, da suficiência e do valor de Deus

— e perseguir tanto quanto pudermos a felicidade nele. Não duvidamos da existência de sonhos melhores. Por enquanto, um ano depois de correr atrás dessas dezessete coisas, sabemos como pedir nosso amanhã. Nosso maior desejo é pelo próprio Deus, de modo que temos confiança que ele nos conduzirá, nos encontrará e nos guardará no casamento.

OS SONHOS MUDAM O MODO COMO NAMORAMOS

A maioria de nós não para para pensar muito sobre casamento enquanto está namorando. Muitos de nós provavelmente pensam muito *sobre* casamento, mas não *através do casamento*. Talvez tenhamos pensado em geografia (*Onde vamos viver?*), finanças (*Será que seremos pobres?*), sexo (*Vou continuar me sentindo atraído por ele ou por ela?*) e, quem sabe, até mesmo em filhos (*Quantos filhos vamos querer?*). Mas a vida dos dois juntos, dia após dia, no casamento não é consumida por esses desejos ou por essas perguntas. Essas perguntas são respondidas rapidamente e só surgem, mais tarde, de vez em quando — por mais sérias e importantes que sejam.

O que isso significa para o namoro? Enquanto estivermos conhecendo alguém e buscando clareza quanto a se casaremos ou não, devemos pensar em seguir Jesus na vida de cada dia no casamento. Não estou falando sobre noites para sair juntos, sobre sua vida sexual ou sobre seus interesses e hobbies compartilhados. Falo sobre ir atrás de Jesus e dedicar nossa vida a ele, por amor, entregando-a, bem como nosso casamento e nossa família, dia após dia, em serviço ao próximo, levando-os a ele. Ergam seus olhos para o alto. Esperem mais um do outro. Busquem e construam um casamento que valorize mais Jesus do que vocês seriam capazes de valorizar sozinhos. Namorem e casem tendo em mente sonhos específicos.

O CASAMENTO DOS SEUS SONHOS

Ao entrar no corredor, cheia de medo e vergonha, ela viu seu Noivo. De repente, era como se ninguém mais estivesse no salão, somente os dois, olhando um nos olhos do outro. Ele não disse uma palavra, mas seu rosto dizia tudo que ela precisava ouvir. Seus olhos lhe disseram que ele sabia de tudo, de cada centímetro do seu passado — das noites solitárias, das decisões, dos relacionamentos nocivos, dos atos sexuais — e que ele a escolhera e amava como sua esposa. Talvez ela não merecesse um vestido branco naquele dia, mas ele o comprara para ela, com o objetivo de cobrir todas as suas falhas. Seu sorriso lhe disse que ela estava perdoada e era valorizada — a menina de seus olhos. Ela esqueceu que se sentia desprezada e ignorada. Uma lágrima rolou do canto de seus olhos e desceu pela face. Toda a sua vergonha e todo o seu medo se dissiparam. Ela havia encontrado seu Noivo, aquele que se dispôs a morrer por ela na cruz, "para a apresentar a si mesmo igreja gloriosa, sem mácula, nem ruga, nem coisa semelhante, porém santa e sem defeito" (Ef 5.27).

Nós somos a noiva pecadora, dilacerada, cheia de pesar, temor e vergonha — tendo ou não um histórico de namoro ou falhas sexuais —, e Jesus está de pé no final do corredor, esperando para desfazer todo o mal que fizemos a nós mesmos e nos dar as boas-vindas em amor, em um relacionamento que vai além de toda a nossa mais romântica imaginação. Deste lado do céu, nem todos nós estaremos casados. Aguardamos o dia, depois das últimas Bodas — depois da última marcha nupcial, do último bolo de casamento, da última primeira dança —, dia no qual, como uma só família, encontraremos o nosso Noivo. *Nesse* casamento, cantaremos: "Alegremo-nos, exultemos e demos-lhe a glória, porque são chegadas as bodas do Cordeiro, cuja esposa a si mesma já se ataviou" (Ap 19.7). Para muitos de nós, o dia do casamento chegará, mas parecerá apenas um dia, perto da eternidade sem culpa, sem tristeza ou temor — e vamos experimentar os primeiros momentos de uma felicidade diferente de qualquer felicidade da face da terra. *Estaremos, sim*, todos casados, e esse casamento tem tudo a ver com a forma como vivemos, namoramos e casamos hoje.

UMA PALAVRA DE GRATIDÃO

Não sei qual parte de *Ainda não casei* será a mais memorável para os leitores. Eu sei que escrever esta página de agradecimento foi a minha parte favorita.

O Ministério Desiring God tem sido minha casa da escrita, mas isso mal descreve sua influência em minha vida. Em uma mensagem de 2006, John Piper pintou o maior quadro de Deus que eu já vi, e ele não parou de levar minha alegria em Deus cada vez mais profundamente. David Mathis tem sido um mentor e defensor sábio e fiel, e, de longo, um grande amigo. Stefan Green, Tony Reinke, Jonathan Parnell, Jon Bloom e Phillip Holmes caminharam comigo um artigo de cada vez, estimulando minhas ideias e me fazendo rir muito no caminho.

A Crossway, gentilmente, abriu uma porta para eu publicar meu primeiro livro. Eles têm sido grandes parceiros em todas as etapas. Meus agradecimentos especiais a Lydia Brownback, pelo amor que dedicou a cada linha de cada capítulo. Só eu sei quão bem ela serviu a você, leitor.

Deus usou vários homens-chave para me fortalecer e refinar em minha vida de ainda não casado.

Alguns eram casados; outros, solteiros, mas todos se mostraram fundamentais para me apontar para Jesus. Bryan, Kevin, Dieudonné, Eric, Dan e Ben me formaram como homem mais do que a maioria.

Mas os dois pilares mais firmes e devotados em minha história como ainda não casado foram meus pais. Simplesmente não há unidade de medida para começar a quantificar o papel que minha mãe e meu pai tiveram neste livro. A personalidade, a convicção, o humor, o amor, a sabedoria e a paciência deles colorem a tinta nestas páginas.

Alyssa Faye, minha jornada como *ainda não casado* terminou e começou com você. Você foi a última parada deslumbrante, misericordiosa e amorosa em meu longo caminho até o casamento. Mas, antes de eu digitar a primeira palavra, você também foi, e continua a ser, a grande campeã deste livro. Este livro é a *nossa* história. Os capítulos são preenchidos com lições que aprendemos juntos. Cada página representa nosso sonho para quem ainda não casou. Obrigado por tudo que você, alegremente, sacrificou para construir este livro comigo.

Se houver algo de valor verdadeiro, real e duradouro neste livro, terá vindo apenas de Deus. Qualquer mudança significativa em sua condição de solteiro ou de namorado também virá dele, por meio dele e para ele (Rm 11.36). Todos os tesouros de sabedoria e conhecimento — cada centímetro e cada grama de cada parte da vida — estão escondidos nele (Cl 2.3). Eu escrevi em razão do que ele fez na minha vida, orando para que ele faça o mesmo e mais ainda na sua. Ele realmente merece todos os agradecimentos.

FIEL
MINISTÉRIO

O Ministério Fiel visa apoiar a igreja de Deus, fornecendo conteúdo fiel às Escrituras através de conferências, cursos teológicos, literatura, ministério Adote um Pastor e conteúdo online gratuito.

Disponibilizamos em nosso site centenas de recursos, como vídeos de pregações e conferências, artigos, e-books, audiolivros, blog e muito mais. Lá também é possível assinar nosso informativo e se tornar parte da comunidade Fiel, recebendo acesso a esses e outros materiais, além de promoções exclusivas.

Visite nosso site

www.ministeriofiel.com.br

VOLTEMOS AO EVANGELHO

O Voltemos ao Evangelho é um site cristão centrado no evangelho de Jesus Cristo. Acreditamos que a igreja precisa urgentemente voltar a estar ancorada na Bíblia Sagrada, fundamentada na sã doutrina, saturada das boas novas, engajada na Grande Comissão e voltada para a glória de Deus.

Desde 2008, o ministério tem se dedicado a disponibilizar gratuitamente material doutrinário e evangelístico. Hoje provemos mais de 4.000 recursos, como estudos bíblicos, devocionais diários e reflexões cristãs; vídeos, podcasts e cursos teológicos; pregações, sermões e mensagens evangélicas; imagens, quadrinhos e infográficos de pregadores e pastores como Augustus Nicodemus, Franklin Ferreira, Hernandes Dias Lopes, John Piper, Paul Washer, R. C. Sproul e muitos outros.

Visite nosso blog:

www.voltemosaoevangelho.com

E-BOOK GRATUITO

UM AUXÍLIO PARA CASAIS CRISTÃOS

Preparar-se bem para o casamento significa fazer um ao outro todas as perguntas difíceis.

Conhecer aquela pessoa especial inclui aprender sobre família, amigos, educação, esportes, passatempos favoritos, livros, filmes, melhores e piores momentos de vida, os cenários mais claros de nossas origens e também os mais escuros.

Mas e quanto à teologia? Já pensou em perguntar sobre isso?

Para baixar o e-book gratuitamente, acesse:

www.ministeriofiel.com.br/ebooks/

Esta obra foi composta em AJenson Pro Regular 12.5, e impressa
na Promove Artes Gráficas sobre o papel Pólen Soft 70g/m²,
para Editora Fiel, em Janeiro de 2021